Dieses Buch gehört:

Christina Schulte

Katzengeschichten

Mit Illustrationen von
Kiki Ketcham-Neumann

gondolino

ISBN 978-3-8112-2899-3
© gondolino in der Gondrom Verlag GmbH, Bindlach 2007
Reihenlogo: Klaus Kögler
Umschlagillustration: Silke Voigt
Printed in Slovenia – 003
5 4 3 2 1

Alle Rechte vorbehalten:
Kein Teil dieses Werkes darf ohne schriftliche Einwilligung des Verlages in irgendeiner Form (Fotokopie, Mikrofilm oder ein anderes Verfahren) reproduziert werden oder unter Verwendung elektronischer Systeme verarbeitet, vervielfältigt oder verbreitet werden.

Der Umwelt zuliebe gedruckt auf chlorfrei gebleichtem Papier.

www.gondolino.de

Inhalt

Rettung in letzter Sekunde 9

Der erste Ausflug 24

Murle gesucht 37

Hexerei? 53

Die Katzen-Allergie 67

Eine haarige Angelegenheit 81

Die Katzengöttin 94

Felix Supercat 111

Rettung in letzter Sekunde

Merle saß im Flugzeug und war furchtbar aufgeregt. Sie flog mit ihrem Onkel nach Ägypten. In Kairo wurden sie von Bömmellöhs Bruder erwartet. Er hieß Wombart und war Archäologe. Merle hatte ihn nur einmal im Leben gesehen und konnte sich kaum noch an ihn erinnern.

Sie war schon sehr gespannt. Wenn er so wie Bömmellöh war, würden das bestimmt tolle Ferien werden. Sie schaute zu ihrem Onkel, der sich angeregt mit dem Spielzeugfabrikanten neben ihm unterhielt. Bömmellöh war groß und hager und hatte flammend rotes Haar. Er war von Beruf Detektiv und beschäftigte sich vor allem mit rätselhaften Erscheinungen, magischen Wesen und so etwas. Merle hatte schon so manches Abenteuer mit ihm erlebt.

Sie fragte sich allerdings, warum ihr Onkel auch im Urlaub sein weinrotes Arbeitsjackett trug. Dieses war vollgestopft mit technischen Spielereien. Vermutlich will er selbst in den

Ferien auf alles vorbereitet sein, dachte Merle und lehnte sich zurück.

In der Flughafenhalle herrschte reges Treiben. Trotzdem erkannte sie Onkel Wombart sofort. Er war das genaue Gegenteil von Bömmellöh: klein, dickbauchig und fast ohne Haare. Seine Klamotten waren schrill wie das Federkleid eines Papageis. Doch das Auffälligste an ihm war ein Kinnbart, wie ihn sonst nur Pharaonen trugen. Er war lang abstehend, eckig und in blaugoldenen Streifen gefärbt.

„Wombart", fiel ihm Bömmellöh lachend in die Arme und neckte ihn: „Hast du Ramses den Bekloppten endlich ausgegraben?"

„Mein großer Bruder ist wie immer gut gelaunt", gab Wombart etwas säuerlich zurück, aber als er Merle sah, hellte sich seine Miene auf. „Bist du das, Merle? Bei Tutenchamun, du bist vielleicht gewachsen. Als ich dich das letzte Mal gesehen habe, warst du nicht größer als eine ägyptische Öllampe." Er nahm sie herzlich in die Arme. Merle mochte ihn sofort, auch seinen Geruch nach Sand und Wüste.

Nach der Begrüßung führte er sie zu seinem verbeulten Jeep. Er drehte sich zu Merle um. „Ich hoffe, du erwartest keinen Luxus. Ihr werdet bei mir im Lager wohnen. Wir sind zurzeit bei einer Ausgrabung." Merle nickte, und Wombart sagte zu Bömmellöh: „Was hast du übrigens in dieser Schachtel?"

Das fragte sich Merle auch, denn die Schachtel war vor dem Flug noch nicht da gewesen. „Mein kleiner Bruder", meinte Bömmellöh grinsend, „ist wie immer ziemlich neugierig."

11

„Ohne Neugier wäre ich kein Archäologe. Also, was ist es?"

Bömmellöh öffnete die Schachtel. Darin lag ein gutes Dutzend aufziehbarer Spielzeugmäuse. „Die hat mir der Spielzeugfabrikant im Flugzeug geschenkt, weil ich ihn mit meinen Abenteuern unterhalten habe."

Er ließ die Mäuse in seine Jacketttasche gleiten. Jetzt war sie ausgebeult wie ein Sack Kartoffeln. Bömmellöh störte es nicht. Im Gegenteil, er klopfte darauf und sagte feierlich: „Wer weiß, wofür ich die noch brauchen kann."

„Mäuse", sprach Wombart langsam. „Das passt wirklich gut zu unserer Entdeckung. Wartet es ab!" Er kicherte, als er in die erstaunten Gesichter blickte.

Das Lager befand sich auf einer kleinen, felsigen Erhebung mitten in der Sandwüste. „Kommt, ich zeige euch die Ausgrabung", sagte Wombart und führte sie an den Rand eines steilen Hanges. Unter ihnen lag ein Tal und darin ein Meer aus Steinplatten. Genau in der Mitte stand ein seltsam geformter Tempel.

„Sieht irgendwie aus wie ein Friedhof", murmelte Merle.

Wombart sah sie erstaunt an. „Du hast Recht. Aber es ist ein ganz besonderer Friedhof. Kommt mit!"

Sie stiegen hinunter. Wombart hob die erstbeste Steinplatte hoch und holte aus einem ziemlich kleinen Sarkophag eine noch kleinere Mumie hervor. Es war eine Katzenmumie.

„Dies hier ist ein Katzenfriedhof", erklärte Wombart. „Solche Friedhöfe findet man immer wieder, denn die Katze war bei den Ägyptern ein heiliges Tier."

„Und was ist das für ein Tempel?", fragte Bömmellöh. Weil die untergehende Sonne genau dahinter stand, konnte er kaum etwas erkennen. Sie gingen näher heran. Plötzlich hielt Wombart sie zurück: „Stopp! Um den Tempel herum hat sich Treibsand gebildet."

Er warf einen Stein auf den Boden vor dem Eingang. Mit einem unheimlichen Geräusch ging er im Sand unter. „Wenn du da hineinfällst", mahnte er, „kann dir niemand mehr helfen. Du wirst versinken und elendig ersticken."

Merle schauderte und hielt sich ängstlich an Bömmellöh fest.

„Wir müssen hier rüber", sagte Wombart. Sie balancierten über einen langen Holzsteg, der als Brücke diente.

Am Eingang des Tempels staunten die beiden Besucher. Das Gebäude hatte die Form einer sitzenden Katze. Zwischen den Pfoten befand sich die Tür. Im Inneren beleuchteten Scheinwerfer einen bunt bemalten Raum. In der Mitte stand ein steinernes Figurenpaar: eine Katze, die mit einer Schlange kämpfte.

„Dieser Tempel wurde zu Ehren der Katzen gebaut", erklärte Wombart. „Denn sie spielten im

14

Alten Ägypten eine wichtige Rolle. Sie beschützten die Menschen vor den Schlangen. Und es war eine Katze, die gegen Apophis kämpfte. Apophis war eine böse Schlange, die den Menschen das Sonnenlicht stehlen wollte. Im letzten Moment wurde sie von einer Katze besiegt. Und das Licht war gerettet."

Jetzt wurde seine Stimme leiser, fast verschwörerisch: „Man munkelt, dass in solchen Tempeln noch die Geister der toten Katzen umherschweifen."

Wombart lachte, als er Merles erschrockenes Gesicht sah. „Keine Sorge, das sind nur alte ägyptische Märchen."

Merle gewöhnte sich ziemlich schnell an das Leben im Lager. Sie durfte sogar bei den Ausgrabungen mithelfen. Eines Nachts aber schlief sie sehr unruhig. Plötzlich wachte sie auf. Sie verließ das Zelt, um frische Luft zu schnappen. Die Sterne leuchteten hell. Sie konnte jede Einzelheit des Katzenfriedhofs erkennen.

Beim Tempel funkelten zwei glutrote Lichter. Vielleicht war das Onkel Wombart? Aber was

15

machte er dort mitten in der Nacht? Neugierig schlich sie hinunter. Als sie dort ankam, waren die roten Lichter verschwunden.

Ob er im Tempel ist? Sie ging zum Steg. Ein mulmiges Gefühl beschlich sie, als sie die dunkle Fläche darunter betrachtete. Der Treibsand lag still da wie ein tückischer Sandsee. Soll ich wirklich hinüber? Schließlich war ihre Neugier stärker als ihre Angst. Sie tat vorsichtig die ersten Schritte.

Da bemerkte sie eine Bewegung im Sand. Erschrocken blieb sie stehen. Unter ihr kräu-

selte sich der Treibsand. Feine Wellen bilde-
ten sich. Ein großer glitschiger Schlangenkopf
tauchte plötzlich auf, und zwei glutrote Augen
starrten Merle feindselig an.

Eine gespaltene Zunge berührte kurz das
Gesicht des Mädchens, und eine gruselige
Stimme flüsterte: „Hallo, kleines Menschen-
kind. Wie schön, dass du mich besuchst!"

Merle taumelte zurück, verlor das Gleichge-
wicht und stürzte in den Treibsand. Doch bevor
sie versinken konnte, wurde sie von etwas auf-
gefangen, das sich wie ein dickes Seil anfühlte.
Sie wollte sich schon bei ihrem Retter bedan-
ken, als sich das Seil immer fester um ihren
Körper wand. Und dann begriff sie: Es war kein
Seil, sondern die Schlange. Mit ihrem riesigen
Leib hielt sie das Mädchen gefangen. Der Treibsand machte der Schlange nichts aus. Sie
schlängelte sich hindurch wie durch hohes Gras.
Merle zappelte und schrie laut um Hilfe. Alle im
Lager erwachten und stürmten herab.

„Schrei nur, Menschenkind", zischelte die
Schlange und wand sich noch fester um Merles

17

Körper. Und den Männern rief sie zu: „Halt! Kommt nicht näher, sonst stirbt dieses Mädchen!" Dabei schlug sie mit dem Schwanz den Steg entzwei. Mit leisem Blubbern versanken die Trümmer im Treibsand.

Die Männer erstarrten fassungslos vor Schreck. Bömmellöh erholte sich als Erster und rief: „Wer bist du und was willst du?"

„Ich bin Apophis", zischte die Schlange. „Feindin des Lichts. Und ich hasse Katzen. Ich befehle euch, diesen Friedhof zu zerstören!"

„Dieser Friedhof ist eine bedeutende Entdeckung", entgegnete Wombart energisch. „Er wird nicht zerstört!"

„Dann wird sie sterben!" Die Schlange ließ Merle los. Sie klatschte in den Treibsand und versank.

„Warte!", schrie Bömmellöh. „Lass uns verhandeln."

Apophis zog Merle wieder heraus. Sie schnappte nach Luft.

„Bist du verrückt?", fuhr Wombart seinen Bruder an. „Wir verhandeln doch nicht mit einer wahnsinnigen Schlange."

„Ich glaub, du bist verrückt", gab Bömmellöh zurück. „Das ist unsere Nichte. Und dieses ... Dings macht Ernst."

„Was sollen wir denn tun?"

Bömmellöh flüsterte: „Du lenkst die Schlange ab, und ich hole Hilfe!"

„Hilfe? – Woher denn?"

„Ich hab da so eine Idee. Aber du musst sie vom Tempeleingang weglocken. Nun mach schon."

Wombart zuckte mit den Schultern, aber er wandte sich der Schlange zu. „Also gut, wir zerstören den Friedhof. Aber du musst uns sagen, wo wir anfangen sollen. Vielleicht hier? Oder lieber dort drüben? Oder noch ein paar Schritte ..."

Beim Reden entfernte er sich immer weiter vom Eingang. Apophis folgte ihm quer durch den Treibsand und zog Merle hinter sich her. Dabei ließ die Schlange Wombart nicht aus den Augen. Bömmellöh wartete noch, bis sie um die

Tempelecke verschwunden waren. Dann setzte er seinen Plan in die Tat um.

Zunächst musste er in den Tempel. Doch das war das geringste Problem. Denn jetzt zahlte sich seine Detektivausrüstung aus, vor allem die neu erfundenen Schuhe. Er drehte am mittleren Jackettknopf, ein verstecktes Ventil öffnete sich. Luft strömte zu den Schuhen hinunter. Wie von Zauberhand hob Bömmellöh einige Zentimeter vom Boden ab.

Er hatte seine Luftkissenschuhe eingeschaltet. Mit ihnen konnte er mühelos über Erde, Wasser und natürlich auch über Treibsand schweben. Wie ein Wasserläufer hüpfte er nun über den gefährlichen Boden.

Doch im Tempel kam der schwierige Teil: Er wollte die Katzengeister um Hilfe bitten, wenn es sie wirklich gab. Aber wie lockt man Katzengeister an? Nervös trommelte er mit den Fingern auf seinem Jackett herum. Er spürte die Beulen im Stoff. Stirnrunzelnd sah er nach, was er da in der Tasche hatte, und rief begeistert: „Mäuse! Das ist es! Mit Mäusen lockt man Kat-

21

zen! Auch wenn es nur Spiel-
zeuge sind! Hoffentlich
funktioniert das auch bei
Geistern."

Hastig zog er die Spiel-
zeugmäuse auf und ließ sie
im Tempel herumlaufen.
Dann sprach er: „Kommt, liebe Katzengeister,
miez miez, holt euch die Mäuschen."

Zuerst passierte nichts. Doch plötzlich tauch-
ten huschende Gestalten auf. Es waren Katzen,
und es wurden immer mehr, in allen Farben
und Größen. Einige hielten Spielzeugmäuse in
ihren Fängen. Bevor sie sich vielleicht darüber
ärgern konnten, dass die Mäuse nicht echt
waren, sagte Bömmellöh: „Verzeiht, liebe Katzengeister, ihr müsst uns helfen."

Die Katzen hörten ihm ruhig zu, dann sprangen sie mit geschmeidigen Sätzen hinaus. Bömmellöh rannte hinterher. Er sah, wie die Geister
die Schlange fauchend ansprangen. Mehrere
packten Merle mit vorsichtigen Pfoten und zo-
gen sie auf sicheren Boden.

Und dann kam es mitten im Treibsand zu einem atemberaubenden Kampf. Sand spritzte hoch. Zischeln und Fauchen ertönte. Die Schlange schnappte mit ihren Giftzähnen hierhin und dorthin. Doch die Katzengeister wichen geschickt aus. Sie nutzten ihre Übermacht und warfen sich vereint auf Apophis. Die Schlange heulte auf, verdrehte die glutroten Augen und versank gurgelnd im Treibsand.

Die Katzengeister hatten gesiegt. Sie sprangen ans Ufer, leckten sich und miauten. Schließ-

lich huschten sie lautlos in den Tempel zurück oder verschwanden irgendwo auf dem Friedhof.

Merle war nichts passiert. „Was für ein Abenteuer!", seufzte sie und wischte sich den Sand aus Gesicht und Ohren.

Wombart stieß erleichtert die Luft aus, streichelte seinen Kugelbauch und meinte: „Auf den Schreck sollten wir erst mal was frühstücken."

Bömmellöh grinste. „Und danach werde ich dem Spielzeugfabrikanten schreiben, wozu seine Mäuse gut waren."

Markus J. Beyer

Der erste Ausflug

„Hör endlich auf, Nelo!", fauchte Fitz das getigerte Katzenmädchen an und schlug mit der Pfote nach ihr. Natürlich wollte er sie nicht treffen. Fitz wäre nur froh, wenn die quirlige junge Katze endlich verschwinden würde! Für diese wilden Spiele der Katzenkinder war er zu alt!

24

„Ach Fitz, mir ist so langweilig!", jammerte Nelo. Und schon holte sie erneut Anlauf, um mit einem eleganten Satz über Fitz hinwegzuspringen. Dieses Mal mit halber Drehung.

„Hannelore!" Plötzlich sprang Fitz auf die Füße und baute sich vor Nelo auf. Mit vor Zorn gesträubtem Fell sah er auf einmal ziemlich Furcht erregend aus.

„Schon gut, Fitz! Ich wollte sowieso gerade gehen!" Nelo verabschiedete sich hastig.

Nachdem sie verschiedene Gärten durchquert hatte, erreichte Nelo ihr Zuhause. Ein hübsches, kleines, grünes Haus mit bunten Blumenkübeln vor dem Eingang. Allerdings war davon gerade nichts zu sehen, da ein riesiger Lastwagen mit Anhänger davor stand.

Vorsichtig umrundete Nelo das knallrote Fahrzeug. Sie kletterte auf die Fensterbank vor dem Küchenfenster. Von hier aus konnte sie beobachten, was im Nachbarhaus vor sich ging.

Viele Wochen hatte das Haus leer gestanden. Doch nun kehrte offenbar Leben zurück.

Und wie! Mit zusammengekniffenen Augen beobachtete Nelo die Menschen, die mit Kisten beladen umherliefen.

Da hörte sie plötzlich ein klägliches Miauen. Nelo spitzte die Ohren und schaute sich neugierig um. Hatte sie wirklich richtig gehört?

Von ihrem Beobachtungsposten aus konnte sie jedoch weit und breit keine Katze sehen. Deshalb sprang sie entschlossen von der Fensterbank und machte sich auf die Suche.

Was gar nicht so einfach war. Denn die Menschen mit den Kisten auf ihren Armen konnten kaum noch etwas sehen. Eine kleine Katze schon gar nicht. Nelo konnte gerade noch einem schweren Stiefel ausweichen.

Da! Wieder hörte sie das Maunzen. Nelo bog um die Hausecke und kam zu einer kleinen Terrasse. Und dort stand eine Transportkiste für Katzen. Nelo schaute neugierig durch die Luftlöcher in die Kiste hinein und sah einen roten Kater, der sie erschrocken anstarrte.

„Hallo, ich bin Nelo!", begrüßte sie ihn munter. „Soll ich dich rauslassen? Dann können wir zusammen spielen. Es ist doch bestimmt ziemlich langweilig in dieser Kiste!"

„Ich will wieder nach Hause!", jammerte der Kater und hörte sich wirklich verzweifelt an.

„Hier ist es aber auch sehr schön!", stellte Nelo fest. „Du wirst sehen! Soll ich dich nun rauslassen? Die Riegel an diesen Kisten sind für mich ein Kinderspiel!"

„Ich will nicht raus! Ich möchte ins Haus. Draußen ist es doof!", entgegnete der Kater.

27

Nelo starrte den Neuling verständnislos an. Was für ein Spinner! „Dann bleib doch in deiner Kiste, bis du schimmelig bist!", fauchte sie ihn an. „Ins Haus kannst du jetzt bestimmt nicht! Dauernd rennen Leute rein und raus. Die treten dich platt!" Mit erhobenem Kopf drehte sie sich um und lief ohne ein weiteres Wort davon.

„Nelo!", rief ihr der Kater hinterher. „Komm bitte zurück!"

Sie schaute über ihre Schulter. Der Kater ließ die Ohren hängen. Nelo bekam Mitleid und kehrte zur Transportbox zurück. „Hey, was ist denn los?", fragte sie mitfühlend.

„Ich war noch nie draußen, Nelo. Ich habe Angst!", wisperte er fast unhörbar.

„Noch nie draußen?", rief Nelo aus. So etwas konnte sie sich überhaupt nicht vorstellen!

„Schrei doch nicht so!" Der Kater schaute sich peinlich berührt um.

Nelo lachte. „Keine Sorge, es hört uns keiner! Wie heißt du eigentlich?", fragte sie dann.

„Neo – fast wie du!" Zum ersten Mal sah der Kater nicht mehr traurig aus.

28

„Ich heiße eigentlich Hannelore. Keine Ahnung, was sich meine Menschen dabei gedacht haben!", erzählte die junge Katze. „Und du warst wirklich noch nie draußen?", fragte sie ungläubig nach.

„Nein, nie. Bisher lebten wir mitten in einer großen Stadt. Dort gab es keine Wiesen. Aber ich fühlte mich in der Wohnung auch sehr wohl", versicherte Neo.

„Weil du nichts anderes kennst!", meinte Nelo und machte sich mit den Pfoten am Riegel zu schaffen. Ein leises Schnappen, und die Box war offen.

„Drück mal mit dem Kopf gegen das Gitter!", wies Nelo den roten Kater an. „Dann kannst du raus. Ich führe dich ein bisschen herum!"

„Ich weiß nicht recht", zögerte Neo. „Was ist, wenn meine Menschen mich vermissen?"

„Die sind im Moment beschäftigt. Keiner wird merken, dass du weg bist!", wischte Nelo auch diesen Einwand beiseite.

„Also gut!", gab Neo sich geschlagen. „Aber nur ganz kurz!"

„Ja, ja! Jetzt komm endlich!", drängelte die getigerte Katze.

Vorsichtig verließ der Kater die Transportbox und blinzelte. Die Sonne blendete ihn.

Nelo, die bereits ein paar Schritte vorausgegangen war, blieb stehen. Am liebsten hätte sie erneut gedrängelt, aber dann würde Neo womöglich wieder in seine Kiste flüchten. Also wartete sie geduldig, bis der Kater ihr folgte.

„Wohin gehen wir denn?", fragte Neo, während er neben Nelo herlief und sich neugierig umschaute.

„Wir drehen einfach eine Runde, damit du die Umgebung kennen lernst", erklärte Nelo. Inzwischen näherten sie sich einer hohen Wiese.

„Hier kommen wir nicht weiter", meinte Neo und blieb stehen.

Nelo lachte nur und verschwand zwischen den Halmen. „Los, komm! Ich habe eine Maus gehört. Vielleicht können wir sie fangen!"

Der Kater dachte nicht länger nach und lief seiner neuen Freundin hinterher. Die langen Halme kitzelten ihn an der Nase. Fast musste er niesen.

Dann blieb Nelo plötzlich stehen. Neo hätte sie fast umgerannt.

„Warum läufst du nicht weiter? Das macht Spaß!", beschwerte sich der Kater.

„Sei still!", zischte Nelo. Sie hielt den Kopf tief gesenkt und starrte auf ein Loch in der Erde.

Neo schlich um sie herum und schaute von der anderen Seite. Doch er verlor schnell die Geduld. „Das ist langweilig! Lass uns weiterlaufen!", forderte er.

„Mäuse jagen ist lustig!", widersprach Nelo ohne den Kopf zu heben. „Bestimmt kommt sie gleich heraus!"

Neo hörte nicht mehr zu. Er begann mit der Pfote nach den Kleeblüten zu schlagen, die sich im Wind wiegten.

31

„Hör auf damit!" Nelo hob den Kopf und blitzte den Kater ärgerlich an. Und genau in diesem Moment schoss die Maus aus dem Loch.

„Oh!", rief Neo überrascht aus. „Ist die aber schnell!"

Nelo verdrehte die Augen. Sie wünschte sich inzwischen, sie hätte Neo in ihrem Käfig sitzen gelassen.

„Lass uns gehen!", seufzte sie.

„Willst du ihr nicht hinterherlaufen?", wunderte sich Neo.

„Du hast wirklich keine Ahnung! Entweder fängt man die Maus direkt am Loch oder gar nicht!", belehrte Nelo den Neuling.

Als sie sich wieder den Häusern näherten, deutete Nelo mit dem Kopf auf ein blau gestrichenes Haus. „Um diesen Garten solltest du einen großen Bogen machen!", warnte sie Neo.

Der Kater machte große Augen. „Aber warum denn?"

„Dort wohnt Karlo, ein schwarzer Schäferhund. Der mag Katzen überhaupt nicht!", erzählte Nelo. „Komm mit, ich zeige ihn dir."

Die beiden Freunde blieben am Gartenzaun stehen. Zwischen den Blumen hindurchschauend entdeckte Neo eine kleine Hütte. Davor lag ein angeleinter Hund in der Sonne: Karlo.

„Ich finde, Karlo sieht nett aus!", bemerkte Neo. Er machte Anstalten, zwischen den Zaunlatten hindurchzuschlüpfen.

„Bleib hier!", fauchte Nelo erschrocken.

„Bin gleich wieder da. Ich möchte ihn nur kurz aus der Nähe anschauen! Außerdem liegt er doch an der Leine", verkündete Neo.

„Du bist schon nahe genug dran. Glaub mir! Und die Leine ist ziemlich lang!", widersprach

ihm die junge Katze. Worauf hatte sie sich da bloß eingelassen?

Doch der vor kurzer Zeit noch so ängstliche Kater entpuppte sich plötzlich als recht abenteuerlustig. Ohne weiter auf Nelos Warnungen zu hören, betrat er den Garten.

Nelo konnte kaum hinschauen. Sie schob all ihre Angst vor Karlo zur Seite und folgte Neo.

Karlo war inzwischen durch eine Bewegung aufmerksam geworden und blinzelte. Er war müde. Wer wagte es, ihn in der Mittagspause zu stören? Der Hund traute seinen Augen kaum, als er Neo entdeckte, der unerschrocken auf ihn zugelaufen kam.

Er sprang mit einem Satz auf die Füße und stellte das Fell auf. Drohend knurrte er Neo an.

„Komm zurück!", rief Nelo. Sie stand nicht weit entfernt in der Nähe eines Busches. Bis hierher reichte Karlos Leine nicht.

Nur noch wenige Schritte trennten den Kater von dem gereizten Schäferhund. Prompt begann Karlo, zornig zu bellen und machte gleichzeitig einen riesigen Satz auf Neo zu.

34

Der rote Kater maunzte erschrocken auf und sprang rückwärts. Dabei stolperte er über Nelo, die es vor Spannung nicht mehr ausgehalten und die sichere Deckung verlassen hatte.

Die beiden Katzen purzelten übereinander und rollten unter den Busch, der für Karlo wegen seiner Leine nicht erreichbar war.

„Na, hast du Karlo nun nah genug gesehen?" Nelo war ganz außer Atem vor Aufregung.

„Ich sehe ihn immer noch nah genug!" Ängstlich schielte Neo zwischen den Zweigen hindurch und sah Karlo im Garten wild bellend hin und her springen. „Ich würde gerne gehen!"

„Das ist die beste Idee, die du heute hattest!", fand Nelo.

Vorsichtig schlichen die beiden Freunde rückwärts unter dem Busch hervor und behielten Karlo dabei fest im Blick. Der Hund zerrte so heftig an der Leine, dass Nelo fürchtete, sie könnte reißen.

35

Als sie den Gartenzaun hinter sich gelassen hatten, zitterten Nelos Beine wie Wackelpudding. Auch Neo sah ziemlich mitgenommen aus.

„Geschafft!", seufzte sie erleichtert.

Niemand schien Neos Verschwinden bemerkt zu haben. Noch immer ging es in seinem neuen Zuhause zu wie in einem Ameisenhaufen. Die Transportbox auf der Terrasse stand noch genauso da, wie die beiden Katzen sie zurückgelassen hatten.

Neo war jedoch kaum in der Box verschwunden, als eine Frau um die Ecke bog. Erschrocken flüchtete Nelo.

„Neo, du armer Kerl! Keiner kümmert sich um dich!" Die Stimme der Frau klang mitleidig. „Ich bringe dich jetzt ins Haus. Draußen könnte es gefährlich für dich werden! Es soll hier ziemlich böse Hunde geben!"

Neo war sicher, Nelo im Gebüsch kichern zu hören ...

Susanne Götz

Murle gesucht

Nele lässt ihr Rad fallen und rennt schnell in den Garten zu ihrer Freundin Maike.

„Maike! Maike!", ruft sie und schwenkt ihren Rucksack. „Maike! Ich muss dir etwas zeigen!"

Maike sitzt auf der Schaukel im Garten. Sie sagt nichts. Sie schaut Nele nicht einmal an.

Doch Nele bemerkt das gar nicht, sondern plappert gleich los: „Guck mal, was ich habe.

Eine Digitalkamera! Mein Paps hat sich eine neue gekauft, und ich darf die alte behalten. Ist das nicht toll?"

Sie zieht die Kamera aus der Ledertasche und schaut auf das Display. „Sag mal piep!"

Aber Maike schaut nur weiter auf ihre Füße.

„Hey, was ist los? Ich will ein Foto von dir machen! Lach doch mal!", sagt Nele.

Dann erst sieht sie die Tränen in Maikes Gesicht. Nele legt die Kamera auf den Rasen und geht zu ihrer Freundin. Sie legt ihre Hand auf Maikes Schulter.

„Was ist denn passiert?", fragt sie.

Schluchzend antwortet Maike: „Murle ist weg."

„Deine Katze Murle?"

„Ja. Als ich aus der Schule kam, wollte ich sie füttern. Aber sie war nicht da. Ich bin sogar mit dem Fressnapf nach draußen gegangen. Ich hab sie die ganze Zeit gerufen. Aber sie kam nicht."

„Vielleicht hat sie eine andere Katze getroffen. Und die zwei spielen jetzt irgendwo."

„Aber warum kommt sie dann nicht, wenn ich sie rufe?", fragte Meike.

Darauf weiß Nele auch keine Antwort.

Maike schluchzt noch einmal, dann sagt sie mit fester Stimme: „Murle wurde bestimmt von einem Auto überfahren."

„Nein!", ruft Nele erschrocken. Sie möchte jetzt ganz schnell etwas sagen, das Maike tröstet. „Ich glaube nicht, dass sie überfahren wurde. Hier fahren doch kaum Autos."

„Hier fahren keine Autos? Und was ist das?", fragt Maike und zeigt zur Straße. Dort fährt gerade ein weißer Transporter mit der Aufschrift Rohrreinigung vorbei.

„Ach, das eine Auto. Aber sonst gibt es hier kaum welche. Und guck mal, wie langsam das fährt."

Maike schaut zu dem Wagen. Dann zuckt sie mit den Schultern und schluchzt wieder.

Auf der Straße fährt der kleine Transporter wieder in der anderen Richtung vorbei.

„Komisch. Wie viele Leute brauchen in dieser Gegend eigentlich eine Rohrreinigung?" Nele

39

schaut dem Transporter nachdenklich hinterher.

„Was soll denn das jetzt?", fragt Maike. „Meine Katze ist verschwunden, und du redest nur von Rohrreinigung? Glaubst du etwa, dass sie in einem Rohr feststeckt?"

„Nein", sagt Nele mit fester Stimme. „Das glaube ich nicht. Ich wundere mich nur über den Transporter."

„Wieso?"

„Den habe ich schon öfter gesehen. Der ist von einer Rohrreinigungsfirma und fährt seit Tagen in der Siedlung herum. Ich kann einfach nicht glauben, dass jeden Tag in irgendeinem Haus ein Rohr verstopft ist."

Maike wird das allmählich zu dumm. Ihre Katze ist verschwunden und ihre beste Freundin hat nichts Besseres zu tun, als über verstopfte Rohre zu reden. Dabei sollte sie ihr doch eigentlich helfen, die Katze wieder zu finden.

„Sollen wir beide noch einmal nach Murle suchen?", fragt Maike.

Doch Nele hört ihr gar nicht zu. Sie starrt immer noch dem Transporter hinterher.

„Hallo! Erde an Nele!", sagt Maike. „Wollen wir meine Katze suchen?"

„Was glaubst du, was ich hier gerade mache?", gibt Nele zurück.

„Autos angucken", antwortet Maike ziemlich schnippisch.

„Nein. Los, steh auf! Siehst du? Der Beifahrer steigt aus dem Transporter."

„Na und?"

„Er geht nicht zu dem Haus. Er klingelt nicht. Er sieht sich nur um." Nele runzelt die Stirn.

„Das ist ja wohl nicht verboten", meint Maike.

Dann zischt Nele: „Katzenfänger."

„Katzenfänger?", fragt Maika erschrocken.

„Ich hab das im Fernsehen gesehen", erzählt Nele aufgeregt. „Es gibt Leute, die fahren durch die Gegend und klauen Katzen. Sie locken sie und fangen sie dann ein."

„Und was machen sie mit den Katzen?"

„Verkaufen. Das ist zwar verboten, aber viele kaufen die Katzen trotzdem."

„Wer kauft denn geklaute Katzen?", will Maike wissen.

„Na, zum Beispiel Versuchslabors", flüstert Nele. Dann greift sie in ihren Rucksack und nimmt ihr Handy heraus.

„Was machst du denn da?", fragt Maike.

„Die Polizei anrufen."

Maike schlägt nach Neles Hand, und das Handy fliegt ins weiche Gras. „Bist du verrückt?

Wir wissen doch gar nichts. Was ist denn, wenn die beiden doch keine Katzenfänger sind? Dann kriegen wir ziemlichen Ärger mit den beiden und mit der Polizei."

„Und was sollen wir dann machen?" Nele schaut Maike erwartungsvoll an.

„Sie verfolgen! Bis wir einen Beweis haben. Dann rufen wir die Polizei", sagt Maike knapp.

„Das ist doch viel zu gefährlich", meint Nele.

„Wir beobachten sie nur", entgegnet Maike.

„Versprochen?" Nele ist unsicher. Doch da sitzt Maike schon auf ihrem Fahrrad.

„Los! Beeil dich!", ruft sie. Nele greift nach ihrer Kamera und sprintet zu ihrem Fahrrad. Sekunden später schießen die beiden mit ihren Rädern auf die Straße. Der Transporter verschwindet gerade hinter der nächsten Kreuzung.

„Die kriegen wir", ruft Maike.

„Du hast aber versprochen, dass wir sie nur beobachten", sagt Nele.

43

„Ich will aber meine Katze wiederhaben!", ruft Maike zurück.

„Und wenn sie doch nicht in dem Wagen ist?", fragt Nele. Sie hat Maike endlich eingeholt, und die beiden fahren nebeneinander her.

Maike denkt kurz nach, dann pocht sie mit einer Hand auf ihr Herz. „Doch. Sie ist im Wagen. Ich fühle es ganz genau."

Es ist sehr einfach, dem Wagen zu folgen. Denn er fährt ziemlich langsam und hält ständig an. Wenn die Bremslichter leuchten, halten die Mädchen ebenfalls. Sie tun dann so, als ob sie etwas verloren hätten. Hin und wieder steigt der Mann auf der Beifahrerseite aus und sieht sich in den Vorgärten um. Dann macht er Notizen in einem Block und steigt wieder ein.

„Na, dass das keine Rohrreiniger sind, ist doch wohl klar", sagt Maike.

Bald erreicht der Transporter das Ende der Siedlung.

„Sie fahren auf die Bundesstraße. Da können wir sie nicht mehr verfolgen", meint Nele.

„Abwarten", entgegnet Maike.

44

Die Mädchen biegen auf den Radweg ein. Der Wagen fährt jetzt etwas schneller, aber immer noch langsam genug, sodass die Freundinnen ihn nicht aus den Augen verlieren. Dann leuchtet der linke Blinker.

„Sie fahren rüber nach Schippingen! Lass uns endlich die Polizei rufen!" Nele wird jetzt doch ein bisschen mulmig zumute.

„Noch nicht. Wir nehmen unsere Abkürzung durch den Wald", sagt Maike.

Die Mädchen steigen ab und schieben ihre Räder schnell auf die andere Straßenseite.

„Die müssen einen riesigen Umweg fahren", meint Maike. „Und durch den Wald sind wir mindestens genau so schnell wie die."

Die Mädchen schlängeln sich mit ihren Rädern an der Schranke vor dem Waldweg vorbei. An beiden Enden des Wegs wurden vor Kurzem Schranken angebracht. Sie sollen verhindern, dass Autofahrer ständig die Abkürzung durch den Wald benutzen.

Bald haben die beiden das Ende des Wegs erreicht. Schwer atmend stehen sie neben der

45

Schranke. Von hier haben sie die Straße gut im Blick. Der Himmel färbt sich langsam tiefblau, und wenn man ganz genau hinsieht, entdeckt man im Osten schon die ersten Sterne.

„Allmählich müssten sie aber kommen", erklärt Nele und setzt sich auf die Schranke.

Maike lauscht. Aber außer Vogelgezwitscher und einem in der Ferne vorbeifahrenden Zug hört sie nichts.

„Ob sie schon vorbei sind?", fragt Nele verunsichert.

„Glaub ich nicht", antwortet Maike.

Aber der weiße Transporter kommt nicht.

„Warte mal!" Nele hat plötzlich eine Idee. „Da ist doch ein Gasthof, hinten im Wald."

„Stimmt. Den hab ich ganz vergessen", sagt Maike aufgeregt.

Sofort sitzen die Mädchen wieder auf ihren Rädern. Der Gasthof liegt ein Stück von der Straße entfernt im Wald. Doch der weiße Transporter auf dem Parkplatz leuchtet hell im dämmerigen Grün des Waldes. Sie steigen ab und schieben ihre Räder leise zum Parkplatz. Dort legen sie die Räder ins Gras und schleichen sich an den Transporter an.

Er ist leer. Die Männer sind anscheinend im Gasthof. Doch hinten aus dem Transporter dringt ein leises Wimmern. Katzen! Maike kriecht dichter an den Wagen heran. Sie klopft vorsichtig an die Tür und flüstert: „Murle?" Aus dem Wagen ertönt jetzt ein lautes Miauen.

„Das ist Murle!", zischt Maike.

Nele schaut zum Gasthof. Hinter dem großen Fenster sitzen zwei Männer und trinken Kaffee.

„Schnell, schnell! Ruf die Polizei an!", sagt Maike aufgeregt.

Nele greift in ihren Rucksack. Dann fällt es ihr wieder ein. „Du hast mein Handy auf den Rasen gestoßen."

„Und du hast es nicht mitgenommen? Mist."

„Und jetzt?", fragt Nele.

Doch da hat Maike auch schon die Wagentür aufgerissen. „War nicht abgeschlossen", erklärt sie und lächelt.

Eine weiße Katze lugt vorsichtig aus dem Transporter. Dann springt sie heraus. Ihr folgen mindestens ein dutzend weitere Katzen: eine getigerte, eine schwarze mit weißen Flecken, eine schlanke Siamkatze, eine puschelige Perserkatze, ein blauer Kartäuserkater und endlich Murle, die rotbraun-getigerte Katze von Maike. Sofort nimmt Maike Murle auf den Arm und streichelt über ihren Kopf. „Endlich habe ich dich wieder!" Maike ist richtig gerührt.

Die anderen Katzen schauen sich einen Augenblick neugierig um, dann verschwindet eine nach der anderen im dichten Unterholz.

„Lass uns abhauen", meint Nele.

„Ja. Aber mach schnell noch ein Foto von dem Auto. Dann haben wir einen Beweis."

Nele holt die Kamera aus der Tasche. In diesem Moment wird die Tür des Gasthofes geöffnet, und die beiden Männer treten laut lachend heraus.

„Schnell", flüstert Maike.

Die Männer haben den Wagen schon fast erreicht. Da drückt Nele ab. Ein weißer Blitz taucht den ganzen Parkplatz in grelles Licht.

Nele hatte nicht daran gedacht, dass die Kamera automatisch blitzt, wenn es zu dunkel ist.

Die Männer stoßen sich an und zeigen zu den Mädchen. „Los! Wir brauchen die Kamera!", ruft der eine.

„Weg hier!", ruft Maike. Mit einem Arm umklammert sie Murle, mit der freien Hand hebt sie ihr Fahrrad hoch. Nele sprintet zu ihrem Fahrrad, und die Mädchen brausen so schnell sie können davon. Aber die Männer sitzen schon im Auto. Die Scheinwerfer flammen auf, dann macht der Wagen einen Satz nach vorne und folgt den Mädchen.

„Das schaffen wir nie!", schreit Nele. „Die sind viel schneller!"

Die Mädchen haben bereits die Straße erreicht. Maike biegt nach links ab.

„Was machst du?", ruft Nele. „Für den Wald ist es zu dunkel!"

„Los, schneller!", ist alles, was Maike dazu sagt.

Der Wagen ist jetzt auch auf der Straße angekommen. Er schießt mit quietschenden Reifen

50

auf den Asphalt. Für einen Augenblick werden die Mädchen im Licht seiner Scheinwerfer gebadet, dann ist es wieder dunkel.

„Die haben uns gleich", ruft Nele.

„Nie im Leben!" Maike strampelt schneller, dann biegt sie links ab.

Und endlich versteht Nele. Vor sich sieht sie die Absperrung zum Waldweg. Die Mädchen schießen an der Schranke vorbei. Im gleichen Moment rast auch das Auto auf den Waldweg.

Doch der Fahrer sieht die Schranke zu spät.

Die Mädchen hören hinter sich Bremsen kreischen, dann einen lauten Knall.

„Das war es dann wohl", meint Maike und seufzt erleichtert.

„Und jetzt?", fragt Nele.

„Na, zur Polizei. Was denn sonst?"

Zehn Minuten später haben die Mädchen dem Polizisten ihre Geschichte erzählt. Als er das Foto in Neles Kamera sieht, sagt er: „Die zwei Kerle suchen wir schon ziemlich lange. Jetzt haben wir endlich das Kennzeichen. Gute Arbeit, Mädchen. Aber was ihr da getan habt, war ganz schön gefährlich und …"

„Och, nicht der Rede wert", sagt Nele und winkt ab.

„Wir wollen auch keinen Orden." Maike blinzelt dem Polizisten zu.

Und bevor er seinen Satz zu Ende sagen kann, sind die Mädchen mit Murle schon längst wieder bei ihren Fahrrädern.

Michael Engler

Hexerei?

Lara und Helene sind an diesem warmen Sommertag in den kleinen Park nah bei ihren Wohnungen gegangen. Helene liest in ihrem neuen Buch, und Lara zupft gelangweilt Blütenblätter von einem Gänseblümchen. Doch plötzlich bemerkt sie etwas unter den Büschen.

„Guck mal, Helene", sagt Lara und stößt ihre Freundin mit dem Ellbogen an.

„Nicht jetzt", flüstert Helene. Denn sie ist in ihr neues Buch vertieft.

Lara schubst noch einmal. „Los, jetzt guck endlich!"

„Was ist denn?", fragt Helene genervt, ohne aufzublicken.

„Eine Katze."

Sofort legt Helene ihr Buch zur Seite.

„Wo?"

„Da drüben." Lara deutet nach rechts.

Die Katze ist wirklich schwer zu entdecken. Sie sitzt zwischen den dichten Blättern eines

Busches. Nur ihre schmalen, grünen Augen blitzen aus dem Dunkel.

„Oh, wie süß", sagt Helene und geht zu der Katze herüber. Das glänzende Fell des Tiers schimmert bläulich. Nur auf ihrer Brust prangt ein großer weißer Fleck.

„Nicht so schnell", zischt Lara. „Du verscheuchst sie noch."

„Mach ich nicht", gibt Helene zurück und geht langsam in die Hocke.

Die Katze kommt neugierig näher. Als Helene

ihr die Hand auf den Rücken legt, beginnt die Katze augenblicklich zu schnurren. Tänzelnd stakst sie neben Helene hin und her.

„Sie mag das, oder?", fragt Lara.

„Oh, und wie! Hör nur wie sie schnurrt."

Genau in diesem Moment kommt ein Stein geflogen. Helene sieht seinen Schatten rechtzeitig und schubst die Katze zur Seite.

Die Mädchen sehen in die Richtung, aus der der Stein kam. Dort, am Rand der Wiese, steht ein Junge. Er ist ungefähr so alt wie die Mädchen. Über seinen sommersprossigen Wangen blitzen kleine schwarze Augen. In der linken Hand hält er Kieselsteine. Und die Rechte hat er schon wieder erhoben. Gerade so, als ob er wieder werfen will.

„Bist du blöd? Du Tierquäler!", fährt Helene den Jungen an. „Wenn du das noch mal machst, kannst du etwas erleben!"

Der Junge sieht die Mädchen trotzig an. „Wisst ihr denn nicht, dass das die Katze einer Hexe ist?", fragt er.

55

„Hexe?", prustet Helene. „Wo hast du das denn her?"

„Ich weiß es eben. Weiß doch jeder", entgegnet der Junge.

„Ja, genau. Jeder weiß, dass es keine Hexen gibt", sagt Lara.

Die Katze hat sich an den Rand der Wiese gesetzt und scheint den Kindern zuzuhören. Ihre Ohren stehen spitz vom Kopf ab. Die grünen Augen flitzen flink von einem Kind zum anderen.

„Seht ihr? Die hört uns zu", sagt der Junge und zeigt auf die Katze.

„Klar. Und gleich wird sie anfangen zu sprechen", lacht Helene.

In dem Moment wird in dem Haus gegenüber die Eingangstür geöffnet.

„Die Hexe!", zischt der Junge und duckt sich hinter einen Busch.

Lara tippt mit dem Zeigefinger an ihre Stirn.

„Pah. Jungs", sagt sie verächtlich.

Die Frau sieht auch gar nicht so aus, wie man sich eine Hexe vorstellt. Sie hat keinen spitzen

Hut, keine Glaskugel, keinen dunklen Umhang und auch keine Warze auf der Nase.

„Aber sie hat einen Besen", sagt der Junge.

„Ach ja? Das ist kein Besen, das ist ein Wischmopp", sagt Helene.

„Na und? Das ist doch wohl das Gleiche", antwortet der Junge.

Tatsächlich hält die Frau einen Wischmopp in der Hand. Die Mädchen sehen sie jetzt genauer an. Sie trägt verwaschene Jeans und ein weites T-Shirt, ihre Haare sind blond und reichen bis zu ihren Schultern. Als sie sich umdreht, sehen die Mädchen ein freundliches, offenes Gesicht. Die Frau schnalzt zweimal mit der Zunge, und die Katze wendet sich von den Kindern ab. Ohne auf den Verkehr zu achten, hüpft sie auf die Straße.

Aber Lara hat auf den Verkehr geachtet. Und sie hat den roten Wagen gesehen, der gerade heranbraust. „Nein!", schreit sie lauthals.

Der Wagen rast mit hoher Geschwindigkeit genau auf die Katze zu. Der Fahrer scheint das Tier überhaupt nicht zu bemerken. Unbeirrt

57

nähert er sich immer schneller. Die Mädchen pressen ihre Hände vor ihre Gesichter. Aber ihre Augen können sie nicht abwenden. Kurz bevor der Wagen die Katze treffen muss, spiegeln die Seitenfenster das Sonnenlicht, und plötzlich ist es unerträglich grell.

Für einen Augenblick können die Mädchen nichts sehen. Dann dröhnt der Wagen davon. Und die Katze hüpft auf dem Bürgersteig neben der Frau her.

„Was ist denn da passiert?", fragen die Mädchen wie aus einem Mund.

„Sag ich doch. Das ist eine verhexte Katze", sagt der Junge. Mit den Steinen in seiner Hand geht er hinter der Frau und der Katze her.

„Was ist, wenn er der Katze wieder etwas tut?", fragt Helene.

„Los! Wir gehen mit und passen auf", sagt Lara.

Nun verfolgt der Junge also die Frau und die Katze. Und Helene und Lara verfolgen den Jungen. Der duckt sich immer wieder hinter Autos oder presst sich dicht an Bäume, sodass die Frau ihn nicht sehen kann.

„Kinderkram", sagt Helene. „Der tut ja gerade so, als ob er ein Indianer wäre."

Lara will etwas antworten, da hört sie zu ihren Füßen ein leises Maunzen. Es ist die schwarze Katze. „Wo kommt die denn so plötzlich her? Die war doch eben noch auf der anderen Straßenseite", wundert sich Lara.

Aber bevor sie das klären können, werden sie von dem Jungen abgelenkt.

„Aha! Da ist es also", zischt der Junge und drückt sich eng an eine Litfasssäule.

„Da ist was?", fragt Helene.

Der Junge zeigt auf die andere Straßenseite. Dort steht die Frau vor einem kleinen Haus mit einem blauen Dach. Die schwarze Katze streicht mit einem Buckel um ihre Füße. Die Frau beugt sich hinunter und sagt etwas, dann drückt sie auf die Klingel. Als die Tür geöffnet wird, verschwindet sie im Eingang. Doch die Katze legt sich auf das weiche Gras im Vorgarten.

„Wie kommt die denn so schnell dahin?", flüstert Lara. Als Helene antworten will, baut sich der Junge vor den Mädchen auf.

„In dem Haus wohnt noch eine Hexe", sagt er bestimmt.

Die Mädchen sehen ihn genervt an. Langsam haben sie genug von seinem Gerede über Hexen und Katzen und noch mehr Hexen.

„Die machen da drinnen jetzt einen Hexentanz", meint der Junge.

Helene grinst. „Oh ja. Und gleich kommen bestimmt noch hundert andere Hexen. Das weiß
ja jeder, dass Hexen sich in der Walpurgisnacht
treffen."

„Ganz genau", lächelt der Junge. „Endlich
habt ihr es begriffen."

„Aber es ist nicht Walpurgisnacht", prustet
Lara und die Mädchen kichern wieder los.

Der Junge stampft voller Zorn mit seinem
Fuß auf den Boden. Wütend nimmt er einen
Stein und wirft ihn nach der Katze.

„Oh nein", stöhnen die Mädchen. „Die arme
Katze."

Die liegt immer noch auf dem Rasen und
leckt ihre Pfoten. Sie bemerkt den Stein überhaupt nicht, der geradewegs auf sie zufliegt.
Doch kurz bevor er die Katze trifft, macht der
Stein einen kleinen Schlenker nach oben.

Er donnert mit einem lauten Knall gegen die
Hauswand. Dort prallt er ab und schießt wie ein
Gummiball zurück. Genau auf den Jungen zu.
Der dreht sich um und macht rasch ein paar
Schritte, um sich hinter einem Auto in Sicher-

61

heit zu bringen. Doch zu spät. Der Stein trifft mit voller Wucht seinen Po.

Tränen schießen ihm in die Augen: „Ihr habt es genau gesehen! Der Stein war verhext!"

„Der ist abgeprallt. Mehr nicht", sagt Lara.

„Und die Schmerzen hast du verdient", meint Helene.

Die Mädchen gehen hinüber zu der Katze und streicheln sie. Die putzt weiter ihre Pfötchen, als ob nichts geschehen wäre.

Plötzlich fuchtelt der Junge wild mit seinen Armen. Dann brüllt er: „Die Hexe! Die Hexe!"

„Was ist denn nun schon wieder?", fragt Helene, aber da ist der Junge nur noch ein dunkler Schatten am Ende der Straße.

Die Mädchen haben gar nicht bemerkt, dass die Tür hinter ihnen geöffnet wurde. Die blonde Frau steht mit dem Wischmopp hinter ihnen und fragt erstaunt: „Was ist denn mit dem Jungen los?"

„Der denkt, Sie sind eine Hexe", kichert Lara.

„Eine was?", sagt die Frau und beginnt laut zu lachen. Ihr Lachen ist so hell, so herzhaft und lustig, dass die Mädchen gar nicht anders können, als selbst mitzulachen. „Ja, und er behauptet, Ihr Wischmopp wäre ein Hexenbesen", schnauft Helene.

„Ich habe einer Freundin beim Hausputz geholfen, deshalb habe ich den Wischmopp dabei", sagt die Frau. „Und der Junge hat wirklich geglaubt, dass das ein Hexenbesen ist?"

Die Mädchen nicken. Alle drei prusten wieder los.

„Mädchen, ihr gefallt mir", sagt die Frau, als sie sich die letzten Lachtränen aus den Augen wischt. „Und euch gefällt anscheinend meine Katze. Habt ihr nicht Lust, uns manchmal zu besuchen? Ihr könnt dann den ganzen Nachmittag mit der Katze spielen!"

„Super!", rufen beide Mädchen zugleich.

„Hat die Katze einen Namen?", fragt Helene.

„Hat sie", anntwortet die Frau lächelnd. „Sie heißt Abraxas."

„Cooler Name", sagt Lara.

„Und jetzt bitte nicht wieder lachen, aber ich heiße Frau Hecks. Aber mit c k."

„Oh, oh, wenn das der Junge wüsste", gluckst Helene.

Von diesem Tag an sind die Mädchen jeden Nachmittag bei Frau Hecks. Sie spielen mit Abraxas und bekommen immer frischen Kuchen. Obwohl es im Haus nie nach Backen riecht.

Den Mädchen erscheint das schon manchmal etwas sonderbar. Aber Frau Hecks ist so nett, und das Spielen mit Abraxas macht solchen Spaß, dass sie nie etwas sagen. Bald sind die vier unzertrennliche Freunde.

Der Sommer geht zu Ende. Langsam wird es früher dunkel. An einem solchen Nachmittag kommt Frau Hecks wieder einmal mit frisch gebackenem Kuchen aus der Küche. Sie stellt den Kuchen auf den Tisch und schnuppert in der Luft.

„Was riecht denn hier so?", fragt Frau Hecks.

Abraxas schaut schuldbewusst zu Boden.

„Ich glaube, der war vorhin wieder im Komposthaufen, Mäuse jagen", sagt Helene.

„Haben Sie nicht den Kakao vergessen?", ruft Lara dazwischen.

„Stimmt tatsächlich", sagt Frau Hecks und geht zurück in die Küche. „Abraxas, komm einmal mit", sagt sie. Abraxas trottet gelangweilt hinter ihr her.

Während die beiden in die Küche gehen, nascht Helene von der dicken Streuselschicht auf dem Kuchen. „Mann, die backt so supertol-

65

len Kuchen. Das grenzt schon fast an Hexerei", kichert sie.

Lara lacht laut los. Sie tunkt einen Finger in die Sahne und sagt: „Stell dir mal vor, wir hätten dem blöden Jungen geglaubt, dass Frau Hecks eine Hexe ist. Wir hätten niemals diesen Superkuchen essen können!"

In der Küche nimmt Frau Hecks die Kakaogläser von der Arbeitsplatte, dann sieht sie Abraxas streng an. „Wie oft habe ich dir schon gesagt, dass du nicht immer im Komposthaufen wühlen sollst?"

Abraxas schaut betreten zu Boden.

„Also werde ich dich wohl mal wieder baden müssen, mein Lieber."

Abraxas schaut kurz auf und gibt ein gequältes Maunzen von sich.

Dann öffnet er sein kleines Mäulchen und sagt: „Na gut. Aber nur, wenn meine neuen Freundinnen das machen."

Michael Engler

Die Katzen-Allergie

„Hatschi!", machte Papa und hielt sich ein Taschentuch vor die Nase. „Diese verdammte Allergie bringt mich noch mal um. Jedes Jahr das Gleiche: Gräserpollen, Blütenstaub, Hundehaare! – Und vor allem Katzenhaare! Hatschi!"

Lea sah ihn mit großen Augen an. In den Händen hielt sie einen braunen Schuhkarton. Sie blickte erschrocken. „Du bist allergisch gegen Katzen?"

„Jaaa-tschi!", nieste Papa, und ein Tropfen fiel ihm aus der Nase.

„Das wusste ich gar nicht." Lea senkte den Blick und presste den Kartondeckel fest zu.

Papa bemerkte es, und zwischen zwei Schniefern brachte er ein „Wieso?" hervor.

Lea sagte nichts und schaute starr auf den Karton.

„Was hast du denn da drin?", fragte Papa. Seine Augen waren ganz verquollen und die Nase war knallrot. Ein bisschen sah er aus wie ein betrunkener Glupschaugenfisch.

„Da … ich … das", stammelte Lea. „Das ist Odessa."

Endlich öffnete sie den Deckel. Papa blickte hinein und zuckte wie vom Blitz getroffen wieder zurück. „Das ist eine „K-tschi! Ka-tschi! Katz-tschi!", trötete er. „Eine Katze!"

Nicht irgendeine Katze, dachte Lea. Sie sah das Tier liebevoll an. Es war die schönste und süßeste Katze, die man sich vorstellen konnte. Sie hatte hellbraunes, fast goldenes Fell und war noch ein Baby. Sie maunzte leise, als Lea sie streichelte.

Papa unterdrückte einen neuerlichen Niesanfall und stopfte sich das Taschentuch in die Nase. Jetzt glich er einem Elefanten mit geblümtem Rüssel. Vorsichtig näherte er sich dem Karton, betrachtete erst seine Tochter und dann das Kätzchen. „Sie sieht wirklich niedlich aus", sagte er und streichelte sie sogar einmal. „Woher hast du sie?"

„Von Evelyn", erzählte Lea. „Ihre Katze hat Junge gekriegt. Und Evelyns Mama hat gesagt, ich dürfte mir eins aussuchen."

69

„Das ist nett von ihr", brummte Papa und nieste dieses Mal so heftig, dass das Taschentuch im hohen Bogen aus seiner Nase flog. Wie ein Fallschirm senkte es sich auf das Kätzchen. Odessa kuschelte sich sogleich darin ein und sah Papa zufrieden an.

Der jedoch fügte traurig hinzu: „Aber wenn du das Kätzchen behalten möchtest, muss ich wohl ausziehen. Hatschi!"

In dieser Nacht träumte Lea. Im Traum durfte sie Odessa behalten und war überglücklich.

Leider zog Papa deshalb aus. Er zog in den leeren Kaninchenstall im Garten. Dort richtete er sich recht gemütlich ein. Wo früher das Stroh für die Hasen gelegen hatte, stand jetzt ein Katzenkörbchen, in das Papa seltsamerweise gut hineinpasste. Um den alten Futternapf standen mehrere Salzlecksteine, die als Hocker dienten. In der Krippe war kein Heu, sondern der Computer, den Papa zum Arbeiten

brauchte. Und in einer Ecke stand ein Kratz-
baum mit Büchern darauf. Papa trug ein Halsband mit einem Glöckchen daran. Wenn man
die vergitterte Tür öffnete, klingelte es.

Licht hatte Papa auch. Er musste nur an
einem Laufrädchen drehen, und schon ging die
Lampe an. Jeden Morgen besuchte ihn Mama
und brachte Kaffee mit. Dann saßen sie zusammen auf den Lecksteinen und lasen Zeitung.

Nach der Schule brachte Lea ihm das Mittag-
essen vorbei und erzählte, was Odessa so
alles gemacht hatte. Dabei wurde Papa immer
ein bisschen traurig, aber Lea munterte ihn auf:
„Wo früher Kaninchen gelebt haben, da kann
doch auch ein Mensch wohnen."

Papa schmunzelte, und die zwei tobten lautstark durch den Stall und bewarfen sich mit
Katzenstreu. Das ist der Vorteil, wenn man in
einem Kaninchenstall lebt. Es stört niemanden,
wenn man mit Katzenstreu wirft.

Wenn Odessa draußen auf Mäusefang ging,
konnte Papa gefahrlos ins Haus zum Duschen
kommen. Manchmal saß er mit Mama auch ein

71

wenig vorm Kamin. Wenn er allerdings die Katzenklappe klappern hörte, sprang er auf und sagte jedes Mal: „Dann werde ich mal rüb-tschi! rübergehen." Und er verschwand, bevor der Niesanfall richtig losgehen konnte.

Abends sahen Lea und Odessa aus dem Wohnzimmerfenster zum Kaninchenstall herüber. Papa hüpfte dann immer wie ein echter Hase herum und freute sich, wenn Lea lachte und Odessa mit der Tatze gegen die Fensterscheibe schlug. Überhaupt kamen Odessa und Papa, vom Niesen einmal abgesehen, fabelhaft miteinander aus. Sie besuchte ihn häufig und fand es sehr nett, dass er für sie das Haus geräumt hatte. Aus Dankbarkeit setzte sie sich manchmal sogar aufs Stalldach und miaute ihm Lieder hinunter. Papa wusste das sehr zu schätzen und sagte: „Von Katzenliedern muss ich nicht niesen. Die könnte ich mir stundenlang anhören."

Allerdings war es ohne Papa manchmal etwas einsam im Haus. Deshalb gingen Mama und Lea immer häufiger hinüber zum Kaninchenstall. Und die Abende wurden oft sehr lang, wenn sie gemütlich auf den Lecksteinen saßen und Karten spielten, sich Geschichten erzählten oder einfach nur lachten.

Lea kuschelte sich an ihre Eltern und sagte: „Wenn jetzt Odessa hier wäre, wäre es noch mal so schön."

„Aber dann hätte ich ja auch im Haus bleiben können!", wandte Papa ein und wurde wieder ein bisschen traurig. „Und dann müsste Odessa ausziehen."

Das stimmte natürlich, und Lea kräuselte schmollend die Lippen: „Blöde Allergie!"

Eines Tages kam leises Wimmern vom Kaninchenstall. Irgendjemand hatte in der Nacht das Schloss vor der Stalltür zugemacht. So sehr Papa am Morgen auch daran gerüttelt hatte, er war einfach nicht mehr herausgekommen. Er hatte laut gerufen, aber niemand hatte ihn gehört. Dann hatte er heftig mit seinem Ta-

73

schentuch gewunken, aber niemand hatte ihn gesehen. Schließlich wollte er durch das enge
Rohr ins Außengehege kriechen.

Und darin steckte er jetzt fest.

Natürlich hatte er wie wild geflucht, dann um Hilfe gerufen, wieder geschimpft, und als immer noch niemand gekommen war, leise vor sich hin gewimmert. Und dieses Wimmern hatte zum Glück Odessa gehört und solange an der Terrassentür gekratzt, bis Lea sie hinausgelassen hatte. Zusammen waren sie sofort zum Kaninchenstall gestürmt.

„Ich komm nicht mehr raus", stöhnte Papa. „Hol Mama."

Mama kam mit einer Brechstange. Doch so sehr sie auch hebelte, Papa kam nicht frei.

Besorgt standen Mama und Lea vor dem Rohr, aus dem Papas zappelnde Beine ragten. „Da müssen wir wohl die Feuerwehr rufen", sagte Mama und lief schnell zum Telefon.

Inzwischen kletterte Odessa auf das Stalldach, sprang ins offene Außengehege und kroch von der anderen Seite in das Rohr. Sie kroch bis an Papas Kopf.

„Oh nein, Ooodesssssa!", zischte Papa niesend. „Mach, dass du hier rau-tschu! kommst."

Aber Odessa hörte nicht und kroch noch ein Stückchen näher. „Verdam-tschi!", nieste Papa. „Du bekloppt-sssa! Kat-schä! Verschwin-tschi!"

Das war das Letzte, das Lea verstehen konnte. Von da an hörte sie von Papa nur noch Nie-

ser. Sie hörte Nieser, die sie noch nie in ihrem Leben gehört hatte. Solche wie „Katschu!" und „Mmmissa!" oder „Ptschomm!"

Wenn die Lage nicht so ernst gewesen wäre, hätte sie es lustig gefunden. So aber klopfte ihr Herz ganz aufgeregt, und sie versuchte, Odessa aus dem Rohr herauszuziehen. Die aber saß unerreichbar wie in einem gemütlichen Bau, hatte sich zusammengerollt und kitzelte mit dem Schwanz Papas Nase.

Lea versuchte auf der anderen Seite, Papa an den Beinen herauszuziehen. Dabei bemerkte sie es: Bei jedem Niesen schwoll Papas Bauch an. Und nicht nur der Bauch, auch seine Beine.

Seine Füße waren schon so dick wie Wassermelonen. Jetzt platzten die Nähte der Schuhe auf, und sie rutschten wie schlaffe Säcke auf den Boden.

„Papa, geht's dir gut?", rief sie besorgt. Als Antwort kam ein besonders lautes „Prrtzzk!". Dabei riss die Hose.

Lea konnte nicht anders, sie ging ängstlich

ein paar Schritte zurück. Denn Papas Bauch hatte jetzt die Größe eines Hüpfballs erreicht.

„Oje", sagte sie heiser. „Er wird platzen." Sie ging noch einen Schritt zurück.

„Odessa, komm endlich raus!", wollte sie noch rufen, da gab es einen lauten Knall.

Lea wurde von einer Druckwelle zu Boden geschleudert. Sie sah noch, wie der Kaninchen-stall explodierte. Holzsplitter schwirrten durch die Luft, und Bretterschnipsel klatschten auf die Wiese. Noch bevor das letzte Teil den Boden erreicht hatte, stand Mama mit schneeweißem Gesicht neben ihr.

Beide starrten mit großen Augen auf die Staubwolke, die sich gebildet hatte. Endlich trat eine Gestalt heraus. Es war Papa. Er war un-verletzt und lachte. Und er trug Odessa im Arm.

„Die Katze hat mich gerett-ätsch!", sagte er und wischte sich mit dem Ärmel die tropfende Nase.

Mama und Lea fielen Papa erleichtert in die Arme. Danach streichelten und lobten sie Odessa. Die schnurrte dabei wohlig. In der Fer-

ne hörten sie das Martinshorn eines Feuerwehrwagens.

„Na, die brauchen wir jetzt wohl nicht mehr", grinste Papa und drehte sich um. Er besah sich das, was vom Kaninchenstall noch übrig war. Es waren nur noch Trümmer. „Hm", meinte er, „da muss ich wohl wieder ins Haus einziehen."

Er sah Lea mit traurigen Augen an. Lea wusste, was das bedeutete: Odessa musste gehen. Tränen traten ihr in die Augen.

Da wachte sie auf.

Kerzengerade saß sie im Bett. „Nein", schluchzte sie. „Ich will nicht, dass Odessa fort muss." Sie sprang aus dem Bett, griff sich den Karton, in dem Odessa noch schlief, und lief weinend in die Küche. Mama und Papa saßen schon am Frühstückstisch.

„Ich will Odessa nicht abgeben", krächzte sie. „Aber ich will auch nicht, dass Papa im Kaninchenstall explodiert!"

Ihre Eltern sahen sie verwundert an. Papa nahm Lea auf den Schoß, und sie erzählte von ihrem Traum. Mama und Papa lachten schallend, als sie zu Ende erzählt hatte.

„Ich finde das nicht witzig", heulte Lea. „Was sollen wir denn jetzt tun?"

Papa sah sie beruhigend an. „Keine Sorge, mein Schatz. Es ist schon alles geregelt."

Lea horchte auf.

Papa sprach weiter: „In unserem Haus kann Odessa leider nicht bleiben. Deshalb habe ich mit Tante Isa gesprochen. Sie nimmt die Katze bei sich auf und freut sich schon. Und du kannst jeden Tag vorbeigehen."

Ganz allmählich erhellte sich Leas Gesicht wie der Himmel nach einem Regenguss. Tante Isa war ihre Nachbarin und ein herzensguter Mensch. Da konnte sie Odessa jederzeit besuchen. Der Katze würde es gut gehen. Und Papa konnte im Haus wohnen bleiben.

„Hurra!", jauchzte sie, nahm Odessa aus dem Karton heraus und drückte sie an sich. „Meine liebe Odessa, du bist gerettet. Danke, Papa!"

„Hatschi!", erwiderte Papa und schnäuzte sich.

Markus J. Beyer

Eine haarige Angelegenheit

„So ein Mist!", schimpfte Robina wütend und schlug mit der Hand nach den Spitzen des hohen Grases.

Mit einem empörten Fauchen schoss eine Katze zwischen den Halmen hervor.

Robina schlug erschrocken die Hand vor den Mund. „Entschuldige, ich habe dich gar nicht gesehen!" Bestimmt hatte die rot-weiß gescheckte Katze an einem Mauseloch gelauert.

Grüne Augen funkelten das Mädchen an. „Die Blumen können nichts dafür, dass du sauer bist!"

Verstohlen schaute sich Robina nach allen Seiten um. Das musste Einbildung sein! Es konnte doch nicht die Katze gewesen sein, die soeben mit ihr gesprochen hatte!

„Wetten, du hast dich in der Schule mal wieder mit Lena verkracht?", fragte die Katze mit schief gelegtem Kopf. „Ich bin übrigens Axel!"

Ungläubig starrte Robina das Tier an, das vor ihr auf dem Trampelpfad hockte. Woher wusste es von dem Streit mit ihrer besten Freundin?

„Ein komischer Name für einen Kater!", antwortete Robina endlich und dachte an ihren Klassenkameraden, der genauso hieß.

„Na ja, eigentlich bin ich kein Kater", erklärte Axel. Das wurde ja immer verrückter!

„Du müsstest mich eigentlich erkennen!" Ein vorwurfsvoller Blick traf das Mädchen.

„Ich kenne keinen Kater, der Axel heißt und sprechen kann!", verteidigte sich Robina.

„Überleg mal! Kennst du niemanden, der

82

Axel heißt?", versuchte der Kater, ihr auf die Sprünge zu helfen.

„Doch, meinen Klassenkameraden. Aber der ist ein Mensch!" Misstrauisch starrte Robina das Tier vor ihren Füßen an. „Erzähl mir bloß nicht, dass du von einer bösen Fee verhext wurdest!" Axel wiegte den Kopf hin und her und zog dabei seine rosa Nase kraus. „Hm, so ähnlich war es wirklich!", druckste er etwas verlegen herum.

„Lass uns woanders hingehen. Ich möchte nicht dabei beobachtet werden, wie ich mit einer Katze rede! Lass uns zu mir gehen!"

„Ich bin ein Kater!" Beleidigt stellte Axel den Schwanz auf. „Und hier in der Wiese sieht uns kein Mensch!"

Das Mädchen seufzte. „Ich habe aber Hunger! Und hier gibt es nichts zu essen! Komm einfach mit zu mir!"

„Können wir dort reden?", fragte Axel.

„Klar!" Robina verdrehte die Augen. „Meine Mutter arbeitet heute. Das bedeutet, wir sind allein!"

83

Eine Viertelstunde später machten sich die beiden hungrig über ihre Mahlzeit her. Während Robina einen Teller mit Tortellini löffelte, schlürfte Axel zwei Eigelbe.

„Seit wann bist du eigentlich ein Kater?", fragte das Mädchen, nachdem sie eine Weile schweigend gegessen hatten. „Suchen deine Eltern nicht nach dir?"

Axel leckte sich mit der Zunge das Maul. „Die wissen Bescheid", entgegnete er lässig.

Robina glaubte, nicht recht zu hören.

„Meine Eltern sind Zauberer und Hexe", fügte der Kater erklärend hinzu.

Robina gab es auf, sich zu wundern.

„Leider haben sie am Samstag einen sehr wichtigen Zauberer-Wettkampf gewonnen." Alex klang traurig.

„Aber das ist doch toll!", meinte Robina.

„Schon", erwiderte Axel. „Aber der Zauberer, gegen den sie gewonnen haben, ist ein schlechter Verlierer. Er behauptete, meine Eltern hätten ihn betrogen und verwandelte mich kurzerhand in einen Kater!"

„Und warum machen deine Eltern den Zauber nicht rückgängig?" Das Mädchen starrte den Kater verständnislos an.

Dieser schlug ungeduldig den Schwanz hin und her. „Wenn das so einfach wäre! Es gibt immer ein Hindernis, das man überwinden muss, um einen Zauber zu lösen. Du musst mir dabei helfen!"

„Ich?" Robinas Herz begann aufgeregt zu klopfen. „Was kann ich denn tun?"

„Ganz einfach! Bis morgen Abend brauche ich ein Haar des beleidigten Zauberers!"

„Ganz einfach?", quietschte Robina entrüstet. Vor Schreck fiel ihr fast der Löffel aus der Hand. „Ich kenne den Zauberer doch gar nicht!"

„Klar kennst du ihn!", entgegnete Axel. „Wo gibt es die besten Schokoküsse?"

„Beim Köhler-Heini!", rief Robina. Ihre Gedanken eilten zu dem kleinen Lädchen von Heinrich Köhler zwei Straßen weiter.

Der Köhler-Heini, wie er von allen genannt wurde, verkaufte alles, was man im Haushalt brauchen konnte. Auf dem alten Verkaufstresen standen außerdem eng nebeneinander große Gläser mit allen möglichen Süßigkeiten. Dafür ging nicht selten das Taschengeld der Kinder drauf. Und natürlich gab es da noch die wunderbar zarten Schokoküsse.

„Der Köhler-Heini ist ein Zauberer?", fragte Robina noch einmal ungläubig nach. „Das wusste ich ja gar nicht!"

Der Kater schüttelte sich vor Lachen. „Mensch, Robina! Kein echter Zauberer erzählt das in der

Gegend herum! Stell dir vor, was dann passieren würde! Die Leute würden dem Köhler-Heini den Laden einrennen, weil sie denken, er könnte ihnen alle ihre Wünsche erfüllen! Dabei ist so etwas gar nicht möglich."

„Ich soll also in Heinis Laden gehen und ihn um ein Haar bitten?", kam Robina schließlich wieder auf das heikle Thema zurück.

„Na ja", wich Axel aus. „Ganz so einfach ist es auch nicht. Er würde sofort wissen, dass du es für mich brauchst."

„Soll ich ihm etwa eins ausreißen?" Robina wurde blass.

Axel sagte nichts dazu.

„Er wird mich ebenfalls verzaubern!", rief Robina, und vor Angst lief ihr ein Schauer über den Rücken.

Das war durchaus möglich, falls niemand sonst im Laden sein würde. Doch Axel beschloss, diese Vermutung für sich zu behalten. „Du schaffst das schon!", versuchte er Robina aufzumuntern.

Da kam Robina eine Idee. „Du könntest doch mitkommen und ihn ablenken!"

„Kommt überhaupt nicht in Frage!", lehnte der verzauberte Kater ab. „Wenn er mich sieht, zählt er sofort zwei und zwei zusammen!"

„Dann werden wir eben nicht gleichzeitig in den Laden gehen!" Robina hielt hartnäckig an ihrem Einfall fest. „Du kommst ein bisschen später. Und wenn er dich erkennt und sich aufregt, kann ich ihm bestimmt ganz schnell ein Haar klauen!"

Widerstrebend musste Axel zugeben, dass Robinas Idee gar nicht so schlecht war.

„Wir müssen nur darauf achten, dass noch mehr Leute im Laden sind. Er wird nicht zaubern, wenn andere Menschen in der Nähe sind", meinte Axel.

Robina nickte zustimmend. „Am besten, wir machen uns gleich auf den Weg!", beschloss sie dann. Sie wollte die Angelegenheit so schnell wie möglich hinter sich bringen. Schon jetzt verspürte sie ein unangenehmes Kribbeln in ihrem Bauch.

88

Rasch steckte sie etwas von ihrem Taschengeld ein, und dann verließen die beiden ungleichen Freunde das Haus.

Je näher sie dem Laden kamen, umso aufgeregter wurde Robina. Gab es wirklich keine andere Möglichkeit, an ein Haar des Köhler-Heinis zu kommen? Die Vorstellung, was passieren könnte, wenn der Zauberer Axel im Laden entdeckte, gefiel Robina gar nicht.

„Bleib vorerst mal draußen", wies sie den Kater schließlich an. Ihr war eine andere Idee gekommen.

Axel willigte sofort ein. Auch ihm behagte der Gedanke an den Wirbel, den er auslösen würde, nicht besonders.

„Nur wenn ich in zehn Minuten nicht wieder draußen bin, kommst du nach! Verstanden?" Robina schaute Axel eindringlich an.

„Ich habe zwar keine Uhr, aber das kriege ich schon hin!", versicherte der Kater.

Sie bogen um die nächste Ecke und standen kurz darauf vor der Eingangstür zu Köhler-Heinis Laden.

Robina holte tief Luft. „Also los!" Dann betrat sie das Geschäft.

„Hallo, Robina!", sagte der Ladenbesitzer freundlich. „Na, Schokokuss-Hunger?"

Robina nickte verlegen.

„Wie viele möchtest du haben?", wollte der Köhler-Heini wissen.

„Drei!", bestellte Robina rasch.

Während Herr Köhler die Schokoküsse vorsichtig in eine Tüte packte, starrte Robina unentwegt auf den Kopf des Zauberers.

„Ist was mit meinen Haaren?", fragte der Köhler-Heini prompt, als er den Blick des Mädchens bemerkte.

„Sie haben da etwas hängen!", antwortete Robina und merkte, dass ihre Stimme leicht zitterte. Hoffentlich wurde der Zauberer nicht misstrauisch!

Er legte die Tüte auf den Tresen und griff mit der anderen Hand suchend in seine Haare.

„Weiter links!", gab Robina einen Tipp und wartete einen Moment. „Nein, da auch nicht!"

Sie legte rasch das passende Kleingeld auf die Geldablage und sagte dann: „Darf ich mal? Ich glaube, es ist eine kleine Spinne!"

Der Köhler-Heini riss erschrocken die Augen auf. „Huh! Ich mag Spinnen überhaupt nicht!" Rasch beugte er den Kopf, sodass Robina seine Haare gut erreichen konnte.

Fast fürchtete das Mädchen, der Zauberer würde ihr Herz schlagen hören, während sie kurz durch seine Haare strich und dann blitzschnell eines ausriss.

„Aua!", rief der Köhler-Heini überrascht.

91

„Entschuldigung! Ich hab sie!", freute sich Robina. „Wollen sie das Tierchen sehen? Die Spinne ist noch ganz klein! Richtig süß!"

Der Köhler-Heini schüttelte sich und rieb seine Kopfhaut. „Nein, nein! Vielen Dank!", wehrte er wie erwartet ab.

Nun hatte Robina es ziemlich eilig, den Laden zu verlassen. Fast hätte sie sogar die Schokoküsse vergessen!

Axel erwartete sie bereits. „Und?"

„Ich hab sogar drei Haare erwischt!", berichtete Robina stolz. „Und jetzt lass uns verschwinden!"

Das musste sie Axel nicht zweimal sagen! „Du bist klasse!", lobte er glücklich, und Robina wurde rot vor Freude.

Am nächsten Morgen erschien Axel wieder in normaler Gestalt in der Schule. Als er neben Robina seine Jacke an den Haken hängte, zwinkerte er ihr zu.

„Ich habe meiner Mutter gesagt, sie soll Katzenfutter kaufen." Robina lächelte verschmitzt. „Es könnte ja sein, dass ich wieder unerwartet Besuch bekomme. Und dann möchte ich gerne etwas anderes anbieten können als Eigelb."

„Vergiss es!", wisperte Axel zurück. „Meine Eltern werden an keinen Wettbewerben mehr teilnehmen! Wenn ich dich das nächste Mal besuche, bin ich auch mit Keksen zufrieden!"

Susanne Götz

Die Katzengöttin

Paul drückt seinen Kopf tief in das weiche Kopfkissen. Da, da ist doch ein Geräusch! Vorsichtig öffnet er seine Augen. Das Zimmer ist dunkel. Paul sieht zum Schrank. Da ist es wieder! Etwas, das aussieht wie zwei glühende Kohlen, leuchtet im Dunkel des Zimmers. Dann ertönt ein scharfes Knurren, als würde es direkt aus der Hölle kommen. „Mama! Papa!", schreit Paul.

Und nur einen Augenblick später stürmen seine Eltern in das Kinderzimmer.

„Was ist denn los?", fragt Pauls Mutter besorgt.

„Ein Ding! Oben auf dem Schrank. Es kommt jeden Abend. Es sieht aus wie ein Hund! Es hat gelbe Zähne und Augen, die glühen wie Kohlen. Und macht ganz furchtbare Geräusche."

Sein Vater sieht auf dem Schrank nach. „Nein. Hier ist nichts", sagt er.

„Logisch. Es verschwindet auch immer, wenn ihr kommt."

94

Sein Vater steht schon wieder im Türrahmen und sagt: „Na, vielleicht können wir den Hund täuschen. Wenn wir einfach das Licht anlassen. Draußen im Flur." Und während er das sagt, blinzelt er Pauls Mutter zu.

„Ihr glaubt mir nicht", sagt Paul beleidigt. Er hat das Blinzeln genau gesehen.

„Ach was. Ein Hund. Auf dem Schrank. Gibt's doch gar nicht", sagt sein Vater kopfschüttelnd. Dann dreht er sich um und geht wieder aus dem Zimmer.

Die Mutter sieht Paul sehr ernst an und fragt: „Wirklich ein Hund?"

Paul nickt.

„Dagegen müssen wir etwas unternehmen", sagt sie bestimmt. „Ich werde mir etwas überlegen. In Ordnung?"

Als Paul am nächsten Tag von der Schule kommt, hat seine Mutter eine Überraschung für ihn. „Geh mal in dein Zimmer. Ich habe etwas gegen deinen nächtlichen Gast besorgt!"

Paul läuft freudestrahlend zu seinem Zimmer Was kann das bloß sein? Er reißt die Tür auf, dann gefriert sein Lachen.

Auf dem Bett liegt eine kleine Katze. Sie hat glattes braunes Fell, nur um ihre Nase leuchtet ein weißer Fleck.

„Wie soll die mich denn beschützen? Die ist doch viel zu klein", mault Paul.

„Du bist nicht mehr allein in deinem Zimmer. Vielleicht hilft das ja schon", meint seine Mutter. „Sie heißt übrigens Bastet."

„Was ist denn das für ein komischer Name?"

96

„Bastet war eine Göttin im alten Ägypten",
erklärt seine Mutter.

Paul legt sich zu der Katze aufs Bett. Er streichelt über ihren Rücken und krault ihre winzi-
gen Pfoten. Bastet schnurrt.

„Bastet", flüstert Paul
und streichelt die Kat-
ze unter dem Kinn.
Das scheint ihr gut zu
gefallen, denn ihr
Schnurren wird lauter.

„Und du sollst mir gegen
einen Höllenhund helfen? Du Krümel", murmelt
Paul. Augenblicklich spürt er eine scharfe Kralle in seiner Haut. „Au!", quiekt Paul. Doch
Bastet liegt ganz ruhig da und schaut ihn
unschuldig an.

Abends liegt Paul mit seinem großen Ägyp-
tenbuch im Bett. Bastet schläft auf einem Kis-
sen vor dem Bett. Paul blättert in dem Buch, bis
er die Seiten mit den ägyptischen Göttern gefunden hat. Da stehen sie alle nebeneinander.

Sie haben Körper wie Menschen, aber ihre Köpfe sehen aus wie von Tieren.

Paul liest ihre Namen: Sobek, der hat einen Krokodilskopf. Ein anderer heißt Anubis und hat einen Hundekopf. Daneben findet Paul ein Bild von Bastet, mit einem Katzenkopf. Kriegsgöttin, steht darunter.

Paul sieht seine kleine Katze noch einmal an. „Nein", sagt er, „wie eine Kriegsgöttin siehst du nun wirklich nicht aus." Bastet sieht zu ihm hoch, springt auf und hüpft auf sein Bett. Sie kringelt sich am Fußende zusammen und macht ihre Augen wieder zu.

Paul findet das schön. „Wenigstens habe ich jetzt warme Füße."

Aber dass diese Katze ihn beschützen kann, das glaubt er immer noch nicht. „Einer wie Sobek mit seinem Krokodilskopf wäre doch viel besser. Der würde den blöden Hund einfach fressen", murmelt Paul. Dann schläft er ein.

Es ist schon spät in der Nacht, als Paul etwas auf seinem Gesicht spürt. „Oh nein! Das Ding ist vom Schrank gekommen!", denkt er und zieht die Bettdecke weit über seinen Kopf.

„Hey, Paul, was ist denn los? Ich bin es doch nur", hört Paul eine hohe Stimme. Vorsichtig zieht er die Decke von seinen Augen. „Mama?", fragt er und knipst die Nachttischlampe an. Doch im Zimmer ist niemand. Nur Bastets Augen leuchten neben seinem Kopf.

„Ja, genau. Ich rede mit dir", sagt Bastet.

„Du kannst sprechen?", fragt Paul ungläubig.

„Alle Katzen können das", entgegnet Bastet.

„Und warum tun sie es dann nicht?", will Paul wissen.

„Weil wir nur im Notfall sprechen", erklärt die Katze. „Und dass du ein Notfall bist, das sieht ja wohl jeder."

Notfall?, denkt Paul erstaunt. So hat er das bislang nicht gesehen.

„Du willst, dass das Ding verschwindet, richtig?", fragt Bastet und schaut Paul erwartungsvoll an.

„Woher weißt du denn das?"

„Du hast im Schlaf ganz schön viel geredet. Also, wenn du willst, dass ich dir helfe, dann musst du jetzt mitkommen", erklärt die Katze bestimmt.

„Äh, mitkommen? Wohin denn?"

„Nach Ägypten", antwortet Bastet so, als ob es vollkommen normal sei, mal eben so nach Ägypten zu gehen. Dann springt sie vom Bett und stellt sich wartend vor die Wand.

„Das ist eine Wand. Und man doch kann nicht einfach durch Wände gehen", meint Paul.

„Und ich bin eine ägyptische Göttin. Wir können das. Vertrau mir", entgegnet Bastet, und schon ist sie in der Wand verschwunden.

Paul streckt seine Hand aus. Die Wand fühlt sich an wie dickes Wasser oder schwere Luft, wenn es so etwas gibt. Vorsichtig macht er einen Schritt. Wie ein Staubsauger dröhnt es plötzlich in seinen Ohren, und seine Haut fühlt

100

sich an, als würden Tausende Ameisen darüber laufen. Dann blendet ihn ein grelles Licht. Denn dort, wo er sich jetzt befindet, strahlt die Sonne vom Himmel wie eine brennende Goldmünze. Und Pauls Fußsohlen brennen ebenfalls. Er sieht nach unten: Seine Füße stehen bis zu den Knöcheln in rotem Wüstensand.

„Wo sind wir?", fragt er verwirrt.

Bastet, die aufgeregt durch den roten Sand hüpft, ruft: „Was hab ich denn gesagt wo wir hingehen?"

„Nach Ägypten?" Paul ist baff. „Aber wir können nicht in Ägypten sein. Wir müssen noch in meinem Zimmer sein!"

Paul greift nach hinten. Er hofft, dass seine Finger jetzt gleich die harte Wand seines Zimmers berühren. Und tatsächlich fühlt er etwas Hartes, Kaltes. Er dreht sich um. Dunkel und mächtig ragt vor ihm eine Pyramide in den Himmel. „Das kann doch gar nicht sein!", stöhnt Paul. „Wie kommen wir hierher?"

Doch Bastet antwortet nur: „Wir haben keine Zeit zu verlieren!"

Daraufhin springt sie eilig davon, und Paul stapft durch den heißen Sand hinter ihr her. Vor den beiden liegt ein kleines Dorf, und dahinter baut sich eine riesige rotgelbe Felswand auf.

Die beiden laufen durch die schmalen Gassen des Dorfes. Die Häuser sind aus rotem Lehm gebaut. Um sie herum gehen Männer mit langen Gewändern und Frauen, die in schwarze Tücher gehüllt sind. Von Balkonen hängen farbige Tücher. An Marktständen feilschen Kunden und Händler lauthals miteinander.

Doch was Paul am meisten auffällt, sind die Katzen. Wo er auch hinsieht, entdeckt er sie. Kleine, große, gescheckte, getigerte, dünne Kätzchen und dicke Kater. Sie schlafen auf Fensterbänken, sitzen auf Treppenstufen, liegen zusammengrollt im Schatten von Palmen.

„So viele Katzen", sagt Paul.

„Ja. Und früher waren wir hier sogar heilig", erklärt Bastet.

Bald gibt das Ende der Gasse den Blick auf die riesige Felswand frei. Dort entdeckt Paul den Gott mit dem Hundekopf als riesige Statue in den Fels gehauen. Doch er kann sich nicht mehr an den Namen erinnern.

„Wir gehen jetzt in den Palast des Anubis", sagt Bastet.

Stimmt, das ist der Name des Gottes.

Die beiden gehen weiter. Mit jedem Schritt scheint die Statue größer zu werden. Zwischen ihren Beinen entdeckt Paul einen Eingang, der wie eine Höhle im Fels aussieht. Er ist hoch wie ein ausgewachsener Baum und schwarz wie die Nacht. Kalte Luft weht heraus.

Bastet stolziert mit erhobenem Schwanz voran. Vorsichtig tastend folgt Paul. Zunächst sieht er fast gar nichts. Denn nur in weit entfernten Ecken brennen kleine Fackeln. Als sich seine Augen an das Dämmerlicht gewöhnt haben, erkennt er, dass er sich in einem riesigen Saal befindet. In der Mitte des Saals erhebt sich eine weitere steinerne Statue des Anubis. Sie sitzt auf einem riesigen Thron aus gelben Steinblöcken.

„Guck mal, Bastet, da ist dieses Hundeding aus meinem Buch. Und ich will lügen, wenn das Ding nicht wenigstens vier Meter hoch ist!"

„Psst!", zischt Bastet. „Nenn ihn nicht Ding."
Doch es ist zu spät.

Denn das, was Paul für eine Staute gehalten hat, bewegt sich nun langsam. Knurrend wendet es seinen riesigen Kopf zu Paul.

„Von was für einem Ding sprichst du Wurm?", spricht es mit tiefer Stimme.

„Das lebt?", fragt Paul erschrocken.

„Natürlich", entgegnet Bastet.

Anubis hat sich aus seinem Sitz erhoben und stampft auf Paul zu. „Wen hast du Ding genannt?", donnert seine Stimme durch die riesige Halle.

Paul will weglaufen. Aber plötzlich weiß er nicht mehr, wie das geht. Anubis kommt näher. Schon muss Paul seinen Kopf weit in den Nacken strecken, um ihn überhaupt noch zu sehen. Anubis hebt seinen Fuß – da springt Bastet zwischen ihn und Paul.

„Stehen bleiben!", ruft die kleine Katze mit einer Stimme laut wie Donnergrollen.

„Oh, hallo Bastet", sagt Anubis. „Dich hab ich gar nicht gesehen."

„Es ist schön, dass du dich an mich erinnerst", sagt Bastet.

105

Und Paul fügt hinzu: „Sie ist nämlich eine ägyptische Katzengöttin."

„Als ob ich das nicht wüsste", dröhnt Anubis. „Was wollt ihr?"

„Das ist mein Freund Paul", sagt Bastet und zeigt mit einer Pfote auf Paul. „Und er hat ein Problem. Jeden Abend taucht ein schrecklicher Hund auf seinem Schrank auf."

„Wieso soll ein Hund ein Problem sein?", fragt Anubis und schaut die beiden zornig an.

„Er macht ihm Angst", erklärt Bastet.

„Na und? Was habe ich damit zu tun?", fragt Anubis ungeduldig.

„Ich glaube, dass du dahinter steckst", entgegnet die Katze.

Anubis beugt seinen Kopf so weit herunter, dass er fast auf dem Boden liegt. Heißer Atem strömt aus seiner Nase. Er sieht Paul scharf an, dann kneift er seine Augen zusammen.

„Du heißt nicht zufällig Leon Müller?", fragt er schließlich.

„Nein. So heiße ich nicht."

„Auch nicht ein bisschen?"

Paul schüttelt den Kopf.

„Aber du wohnst in der Nachtigallenstraße 4?"

Paul schüttelt wieder energisch den Kopf. „Nein. Ich wohne im Nachtigallenweg 4. Weg, nicht Straße."

„Paul also", sagt Anubis nachdenklich.

Paul wird das allmählich zu bunt. Er befürchtet, dass er diesem Anubis noch stundenlang erklären muss, dass er Paul heißt.

„Oha", sagt Anubis plötzlich und steht wieder auf. Er geht zu seinem Thron und setzt sich.

„Was heißt denn oha?", will Bastet wissen.

Anubis' Gesicht läuft rot an. Er scharrt mit seinen Füßen über den Boden und kratzt sich mit einer Hand am Ohr. „Da ist mir wohl ein Versehen unterlaufen", meint er dann. „Eigentlich soll der Höllenhund bei Leon Müller erscheinen. Dieser Junge wirft ständig mit Steinen nach Hunden. Und der hat es ja wohl verdient, dass man ihn ein wenig erschreckt. Oder?"

„Den kenne ich. Ein ganz gemeiner Typ", flüstert Paul.

„Eine Verwechslung", sagt Anubis. „Kann ja wohl jedem mal passieren, oder?"

Paul findet zwar, dass einem Hundegott so etwas eigentlich nicht passieren darf, aber er nickt trotzdem.

„Ich entschuldige mich. Tut mir wirklich leid. Und es soll auch nicht wieder vorkommen", verspricht Anubis.

Bevor Paul antworten kann, schnappt Anubis nach Luft.

„Entschuldigung. Aber der Wüstensand kitzelt immer so in meiner Nase, dass ich ..."

Dann niest er. Sein Atem rollt durch den Saal wie eine riesige Welle. Eine Fackel nach der anderen verlöscht. Innerhalb einer Sekunde ist alles schwarz.

Paul spürt eine Hand in seinem Gesicht.
„Paul! Aufstehen!", sagt seine Mutter.
„Du glaubst gar nicht, was ich geträumt habe", meint Paul und gähnt.

„War das Hundeding etwa wieder da?", fragt sie besorgt.

„Oh nein. Sag bitte nicht Ding zu ihm!", fleht Paul. „Nein, es war alles nur ein Versehen."

„Willst du mir das vielleicht beim Frühstück erklären?", fragt seine Mutter. „Und auf Bastet wartet eine Schale Milch in der Küche."

Paul springt rasch aus dem Bett. Bastet trippelt schon vor ihm aus dem Zimmer. Hinter sich hört Paul die Stimme seiner Mutter: „Wo kommt denn der rote Sand in deinem Bett her?"

Paul bleibt stehen und sieht auf seine Füße. Auch die sind voller rotem Sand.

„Bastet?", flüstert Paul.

Die zwinkert nur kurz mit einem Auge. Dann hüpft sie die Treppe hinunter, wo eine wohl verdiente Schale Milch auf sie wartet.

Michael Engler

Felix Supercat

Eigentlich war Felix ein ganz normaler schwarzer Kater mit samtweichem Fell und grünen Augen. Eigentlich. Aber wenn die Umstände es erforderten, verwandelte er sich in einen Helden. Dann hieß er Felix Supercat, trug einen braunen Hut mit silberner Feder, eine lederne Maske und einen roten Umhang.

Immer wenn Felix sein Heldenkostüm anzog, hatte er dieses Lied auf den Katzenlippen:

„Ich bin Felix Supercat,

stark und schlau, am liebsten nett.

Kommst du mal in große Not,

helf ich dir mit schneller Pfot!"

Das Lied wurde sehr schnell zu seinem Erkennungszeichen. Jeder, der es in Bedrängnis hörte, wusste: Gleich würde er gerettet werden. Und er konnte aufatmen.

Felix lebte bei einer netten Familie. Niemand, weder die Eltern noch die drei Söhne, wussten etwas von seinem Doppelleben.

Es gäbe viele Heldengeschichten zu erzählen. Doch das würde zu lange dauern. Außerdem möchte ich Felix nicht in Verlegenheit bringen. Er ist recht bescheiden und überlässt die Prahlerei anderen. So werde ich nur von drei Abenteuern berichten.

Einmal half er einem kleinen Kätzchen, das neu in die Straße gezogen war. Es war fast noch ein Baby und zum ersten Mal draußen. Und das war sein Problem. Es wollte wieder ins warme Haus, doch sein Stimmchen war so zart, dass niemand es hörte.

„Warte, kleines Kätzchen, ich helfe dir!", sagte plötzlich jemand neben ihm. Zuerst erschrak das Kätzchen, denn noch nie hatte es einen maskierten Kater mit Hut und silberner Feder gesehen. Doch dann merkte es, dass hier ein Held vor ihm stand.

In der Tat fackelte Felix Supercat auch nicht lange und zog den Umhang etwas fester um die Schultern. Dann sprang er hoch und schlug die Krallen ins Holz der Haustür. Durch das schmale Fenster sah er genau, dass jemand zu Hause war. Und nun miaute er, nein, fauchte, nein, brüllte. Er brüllte so laut wie ein Löwe. Mit Donnern fuhr seine Stimme zum Haus hinein, riss ein paar Bilder von der Wand und ließ alle Bewohner zusammenfahren.

Bevor ihn jemand sehen konnte, zwinkerte Felix Supercat dem Kleinen zu und verschwand. Als die Bewohner die Tür öffneten, schauten sie verwundert drein. Auf der Fußmatte saß nur ihr kleines Kätzchen und schnurrte zufrieden.

Das Kätzchen hatte von nun an keine Schwierigkeiten mehr, wieder ins Haus zu kommen, denn immer achtete einer der Bewohner auf sein zartes Rufen. Das bestialische Brüllen wollte wohl niemand mehr hören.

Felix Supercat machte keinerlei Unterschiede zwischen Mensch und Tier. So half er einmal einer alten Dame über die Straße. Die versuchte schon minutenlang, eine belebte Hauptstraße zu überqueren. Leider war die Ampel kaputt, und niemand war so nett, anzuhalten.

Unversehens stand Felix Supercat neben der

alten Dame, lüpfte den Hut mit der silbernen Feder, verbeugte sich und sprach höflich: „Gnädigste, darf ich Euch meine Pfote reichen und über die Straße geleiten?"

Die alte Dame antwortete freudig: „Oh, Sie sind aber ein netter junger Mann. Natürlich gerne." Sie sah sehr schlecht und hielt Felix Supercat für einen Menschen.

Doch auch der Heldenkater hatte wenig Glück, denn niemand hielt für eine alte Frau mit einer schwarzen Katze.

Deshalb dachte er sich einen Trick aus.

Von unten knatterte gerade ein rostiger Käfer heran. Darin saß eine Frau mit Strickpullover. Auf dem Beifahrersitz stapelten sich Tierfuttersäcke bis unters Dach. Auf der Motorhaube klebten Aufkleber vom Tierschutzverein.

Felix Supercat war ein guter Menschenkenner und murmelte: „Ah, eine Tierschützerin!"

Von oben näherte sich ein Sportcabrio mit offenem Verdeck. Die Fahrerin war eine sonnengebräunte Blondine. „Oh, eine Sonnenanbeterin", sagte Felix Supercat. „Perfekt!"

Er legte eine Pfote aufs Herz, torkelte wie eine verletzte Katze auf die Straße und rief dabei herzzerreißend: „Miauuuooooaaah!"

Die Tierschützerin bremste sofort, riss die Tür auf und rief mit zittriger Stimme: „Oje, kleines Kätzchen, ist dir was passiert?"

Bevor sie aber Felix Supercat in die Arme nehmen konnte, rannte der mit riesigen Sätzen dem Cabrio entgegen. Er wirbelte wie eine Gewehrkugel über die Motorhaube hinweg und landete sicher auf der Kopfstütze der Fahrerin.

116

Dann hielt er ihr von hinten die Augen zu.

Die stieß erschrocken aus: „Oh, die Sonne ist weg. Ich kann gar nichts mehr sehen!" Quietschend hielt das Cabrio an.

Jetzt war es ein Leichtes, die alte Dame über die Straße zu führen. Felix Supercat ignorierte die erbosten Autohupen und verabschiedete sich von der alten Dame mit einem Handkuss.

„Wirklich ein netter junger Mann", sagte die alte Dame zu sich selbst. „Nur den Bart müsste er sich mal wieder rasieren. Er hatte ja schon ein richtiges Fell im Gesicht."

Natürlich hatte Felix Supercat auch einen Erzfeind. Er hieß Bullenbeißer und war eine besonders fiese Bulldogge. Er wohnte ein paar Straßen weiter und quälte mit Vorliebe kleinere Tiere. Bullenbeißer hatte stets einen Knochen im Maul, auf dem er wie auf einer weißen Zigarre herumkaute. Sein Halsband hatte fingerlange Stacheln. So traute sich niemand an ihn heran. Nicht einmal sein eigenes Herrchen! Auf dem Kopf trug er einen schwarzen, durchlöcherten Hut und er behauptete lautstark: „Der hat dem großen Gangsterboss Al Capone gehört. Bis ich ihm den Hut geklaut habe." Dabei lachte er immer sein heiseres, gemeines Lachen.

Eines Tages hatte Bullenbeißer mit seiner Gang einen Kanarienvogel geschnappt, weil der ihn einen bösen Köter geschimpft hatte.

Sie hatten den Kanarienvogel mit den Füßen in ein Gefrierfach gesteckt. Jetzt hatte der Arme dicke Eiswürfel an den Krallen. Sie stellten ihn auf den Boden und begannen, ihn hin- und herzuschieben. Der Vogel versuchte, wegzufliegen, aber die Eisklötze waren einfach zu schwer. Hilflos drehte er sich um die eigene Achse und schlingerte den Platz hinauf und wieder hinunter wie beim Eisstockschießen. Eigentlich ein schöner Sport, allerdings nicht, wenn man selbst der Eisstock ist.

Die Gang jedenfalls hatte tierischen Spaß, und Bullenbeißer grinste, als er das grüne Gesicht des Vogels sah. Dem war inzwischen nämlich fürchterlich übel.

„Das geschieht dir recht, du gelber Federfurz", lachte Bullenbeißer. „Das wird dich lehren, mich nicht mehr zu beleidigen. Hahaha!"

Das Spiel der Gang wurde immer wilder. Der Kanarienvogel krächzte verzweifelt um Hilfe.

Da stand mit einem Mal eine Gestalt im grellen Sonnenlicht. Die Silberfeder auf dem Hut blitzte, aber sie blitzte nicht so hell wie die erbosten Augen. Ein lautes Fauchen kam aus dem Maul. Es war natürlich Felix Supercat, und er war furchtbar zornig.

„Bullenbeißer", rief er. „Das ist so ziemlich das Gemeinste, das du je gemacht hast. Aber warte, wir sprechen uns noch."

Zuerst musste er sich um den Kanarienvogel kümmern, der inzwischen auch schon im Gefieder grün wurde.

Mit einem eleganten Sprung hechtete Felix Supercat über die Hunde, schnappte sich den

Vogel, rutschte mit ihm über den Platz mitten hinein in ein weiches Blumenbeet. Dann zerschlug er mit einem Tatzenhieb beide Eiswürfel und legte den Vogel sanft auf einen Moosteppich. Erst kam nur Stöhnen aus dem Schnabel, dann erleichtertes Atmen und schließlich dankbares Pfeifen. Der Kanarienvogel war gerettet.

Aber schon schloss sich ein finsterer Kreis um die zwei. Bullenbeißer hatte seinen Gangsterhut tief ins Gesicht gezogen und seinen Männern ein Zeichen gegeben. Es waren aus-

nahmslos zähnefletschende Hunde mit einem Gebiss wie aus Stahl und Muskeln, die auch nicht zu verachten waren.

„Macht sie fertig!", knurrte Bullenbeißer und blies unsichtbaren Rauch aus dem Knochen in seinem Maul.

„Oje, das wird unser Ende sein", piepste der Kanarienvogel.

Doch Felix Supercat drehte sich langsam um sich selbst, lächelte ein furchtloses, siegessicheres Katzenlächeln und erhob die Stimme zu einem Lied:

„Und zitterst du wieder
am ganzen Gefieder,
Und klappern dir auch
noch Zähne und Bauch
aus Furcht vor den Buben, den bösen.
Die Rettung ist nah.
Ein Kater steht da,
der kümmert sich drum.
Ich haue sie um
mit Schmackes, die Buben, die bösen."

Und dann kämpfte er mit ihnen. Er kämpfte

mit nur einer einzigen Kralle. Und sang dazu eine zweite Strophe:

„Ich kämpfe verwegen,
die Kralle als Degen.
Und steche hinein,
dem einen ins Bein,
dem andern in den Po.
Und lache, hoho,
so über die Buben, die bösen."

Und so ging es weiter. Singend und kämpfend nahm sich Felix Supercat einen Gangsterhund nach dem anderen vor, bis schließlich nur noch Bullenbeißer übrig blieb.

Die beiden standen sich feindselig gegenüber. Bullenbeißer knurrte, Felix Supercat fauchte. Bullenbeißer bellte, Felix Supercat miaute. Bullenbeißer tobte, Felix Supercat leckte sich seelenruhig die Pfoten und sah den Hund unerschrocken an.

Da bekam Bullenbeißer Angst. So etwas hatte er noch nie erlebt. Die meisten flohen kreischend vor ihm, wenn er nur hustete. Doch diese Katze war ihm unheimlich.

Felix Supercat nutzte die Schrecksekunde und verpasste Bullenbeißer einen leichten Schlag. Der Hund verlor den Knochen aus dem Maul, kniff den Schwanz ein und schlich davon.

Der Kanarienvogel bedankte sich überschwänglich und flatterte davon. Felix Supercat aber wartete, bis er ganz sicher war, dass er nicht beobachtet wurde. Dann zog er sein Heldenkostüm aus und verwandelte sich wieder in den ganz normalen Kater Felix, die freundliche Katze von nebenan, der niemand das Heldendasein ansah.

Also tue nichts Böses und sei guten Mutes. Sei höflich zu jeder Katze, die dir begegnet. Schließlich könnte es ja ein Superheld sein.

Markus J. Beyer

Die Autoren

Markus J. Beyer, geboren 1967, lebt mit seiner Frau und seinen beiden Kindern in Halver im Sauerland. Dort arbeitet er als Lehrer an einer Hauptschule. In seiner Freizeit erzählt er seinen Kindern haarsträubende Geschichten, verfasst Gedichte und schreibt Theaterstücke für seine Schüler. Am meisten Freude bereitet es ihm jedoch, leblose Dinge zum Leben zu erwecken und Brücken zu bauen – von unserer Welt ins Reich der Fantasie. Zurzeit arbeitet er daher an seinem ersten Abenteuerroman für Kinder.

Michael Engler wurde 1961 in Niedersachsen geboren. Genau dort, wo der Himmel so weit ist, dass man ihn am liebsten voll zeichnen möchte und die Landschaft so leer, dass man sie mit Geschichten voll stellen kann. Heute lebt und arbeitet er in Düsseldorf und schreibt dort Geschichten und Theaterstücke für Kinder und Jugendliche.

Susanne Götz, geboren 1968 in Heilbronn am Neckar, ist verheiratet, Hausfrau und Mutter von drei Kindern. Seit dem Sommer 1999 lebt sie mit ihrer Familie in Weibersbrunn im bayerischen Spessart. Die Autorin schreibt schon seit frühester Kindheit. Die meisten ihrer Texte richten sich bisher an Mädchen im Teenager-Alter.

Die Illustratorin

Kiki Ketcham-Neumann, geboren 1956 in San Francisco, genoss eine Kindheit ohne Fernsehen. Umgeben von Büchern, Märchen, Kunst, Musik und Naturwissenschaften entwickelte sich ihre Liebe zu Wort und Bild gleichermaßen. Nach einem Kunst-Studium an der San Francisco Academy of Art siedelte sie nach Deutschland über, wo sie seit fast 20 Jahren mit ihrem Mann und zwei Kindern lebt. Kiki Ketcham-Neumann arbeitet als freischaffende Illustratorin, Grafikerin, Kostüm-Designerin und Portraitmalerin. Außerdem befasst sie sich mit Wandmalerei. Ihre größte Liebe aber gilt der Kinderbuch-Illustration.